유라투스트라는 이렇게 말한다

이 책은 《니체는 나체다》(2012년)의 개정증보판입니다.

유라투스트라는
Also Sprechen Yourathustra
이렇게 말한다

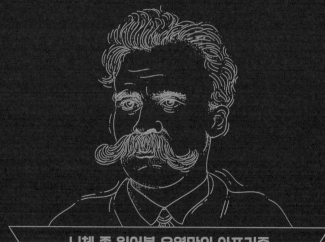

니체 좀 읽어본 유영만의 아포리즘

니체를 실천하는
지식생태학자
유영만 지음

모루

난국을 돌파하는 '통찰'의 지혜 니체에게 배우다

"사람은 짐승과 위버멘쉬 사이를 잇는 밧줄, 심연 위에 걸쳐 있는 하나의 밧줄이다. 저편으로 건너가는 것도 위험하고 건너가는 과정, 뒤돌아보는 것, 벌벌 떨고 있는 것도 위험하며, 멈춰 서 있는 것도 위험하다." ―《차라투스트라는 이렇게 말했다》

니체의 대표작 《차라투스트라는 이렇게 말했다》를 읽다가 눈에 박힌 인두 같은 문장이다. 이 말은 위험한 삶을 온몸으로 살아가면서 자신의 신념을 고독하게 실천한 니체의 삶을 대변한다. 아무도 가보지 못한 미지의 길을 혼자 걸어가 본 니체의 체험, 깨달음의 메시지가 저 말 속에 깃들여 있다. 누군가 이미 가본 길, 그래서 익숙한 길은 설렘이 없다. 아무도 가지 않은 길이라야 설렘이 샘솟는다. 하지만 미지의 길, 그 세계로 가는 길은 불확실하며 두려움을 갖도록 한다. 사람들은 익숙지 않은 길 앞에 서면 망설이고 주저한다. 그래서 설렘은 없지만 어느 정도 위험이 제거된 익숙한 길로 사람들이 가는 것이다. 그리고 깨닫는다. 익숙한 길

위에서 우리가 만날 수 있는 것이라곤 지루한 평범함뿐임을…. 니체에 따르면 안락한 지금의 모습, 현재 자리에 머무는 일은 위험한 삶이다. 지금까지 살아온 관성대로 살아가는 타성에 젖은 삶은 인간을 위험에 빠뜨린다. 여기서 차라투스트라는 우리에게 의미심장한 질문을 던진다.

'우리는 짐승을 넘어 위버멘쉬가 되기 위해 어떤 노력을 하고 있는가?'

위버멘쉬(Übermensch, overman)는 현재의 나를 넘어서 어제와 다른 내가 되고자 부단히 노력하는 사람이다. 그러나 나를 극복하는 길, 짐승을 넘어 위버멘쉬로 가는 길은 험하고 쉽게 나서기 어려운 길이다. 니체는 우리에게 "몰락하는 길이 앞으로 나가는 길이며, 그런 길을 가는 사람만이 사랑받을 자격이 있다."고 말한다. 몰락은 바닥으로 영원히 주저앉아 일어설 수 없는 추락이 아니다. 삶은 수많은 몰락과 극복의 연속이고, 우리는 몰락의 체험 이후 재차 몰두, 몰입하며 자기를 극복하는 방법과 지혜를 배운다. 더군다나 몰락은 나를 둘러싼 허상과 허식을 걷어낸 자기 자신을 바로 볼 수 있는 기회가 되기도 한다. 위험한 모험을 시도하다 바닥으로 굴러 떨어지는 하강체험을 해봐야만 과거와 다른 방법으로 높게 비상할 수 있는 방법을 얻는다. 몰락 두려운가? 그래서 지금 그 자리에 안주하려고 하는가? 그런 결정을 했다면 돌이킬 수 없는 습관의 벽에 갇혀 다시 빠져나오기 어려운 관성대로 사는 것이다. 관성대로 사는 습관도 나태의 결과가 아닌 근면의 성과이긴 하다.[*]

---

[*] 무지라고 하는 것은 단순히 지식의 결여를 가리키는 말이 아닙니다. '알고 싶지 않다'라는 마음가짐을 갖고 끊임없이 노력한 결과가 바로 무지입니다. 무지는 '나태의 결과가 아니라 '근면의 성과'입니다(7쪽). - 우치다 타츠루, 《푸코, 바르트, 레비스트로스, 라캉 쉽게 읽기》

새로운 나로 변하지 않기 위해 곧건히 마음을 먹고 끊임없이 노력한 결과가 현재의 나라는 이야기다. 나태의 결과가 아닌, 근면의 성과로서 현실에 안주하는 내가 만들어졌다는 말에 깃든 의미가 가볍지 않다.

한편, 현재 우리가 직면한 세상은 지금까지 경험해보지 못한 위기의 시기다. 무한성장과 개발을 추구했던 경제 패러다임도 낡은 산물로 여겨진다. 그동안 우리의 삶과 생각을 지배해온 키워드들은 목표달성, 뛰어난 성과, 빠른 속도, 효율 등이었다. 모두가 고속성장의 패러다임 안에 갇혀 살았고 장밋빛 환상에 젖어들었다. 그리고 방향설정보다 방법개발, 깊이 파고드는 노력보다 높이 성장하려는 욕망, 진지한 성찰보다 빠른 성장을 위해 전력투구했다. 그래서 결과는 어떠했는가? 깊이 파고 들어가 본 사람은 사유의 심연에 내려가 무엇인가를 밖으로 끄집어 내는 시간도 오래 걸린다. 반면 오로지 높이 성장하려고 발버둥을 친 사람의 경우 사고의 깊이가 부족하여 어떤 질문을 받으면 생각할 겨를도 없이 반사적으로 답을 한다. 겉으로 맴도는 참을 수 없는 사유의 가벼움이 걸러지지 않고 생각할 겨를도 없이 순식간에 발설된다. 설상가상으로 중심을 잃고 흔들리는 현대인을 유혹하는 산만한 이미지와 메시지가 우리들의 주의를 분산시킨다. 깊은 고뇌 끝에 길어 올린 사색의 샘물을 마시는 사람은 피상적 이미지와 메시지에 마음이 끌리지 않는다. 그것들이 제공하는 의미와 의도를 간파하고 있기 때문이다. 그러나 어제의 삶을 답습하며 관성의 늪에 빠진 사람들은 얄팍한 상술로 포장된 수많은 이미지와 메시지들이 충동적 본능을 자극하는 유혹의 미끼로 작용한다. 성장을 멈추고 갈 길을 잃은 경제, 가치관의 부재로 혼돈을 겪는 사회, 그 안에서 중심과 토대를 잃고 갈피 못 잡는 개인들은 위기의 파도 앞에 속수무책 휩쓸리고 있다.

어두운 터널의 끝은 보이지 않고, 불안감이 점점 높아지며, 미래는 예측할 수 없는 불확실성으로 가득 차 있다.

그렇다면 괜찮은 돌파구가 없을까? 필자는 니체가 우리에게 남긴 치명적인 아포리즘을 떠올리며 현대인의 고민을 해결해주는 묘안이 그 안에 있음을 알았다. 왜 니체를 읽어야 할까? 우리의 삶을 왜 니체를 통해 성찰해야 할까? 그 이유를 몇 가지로 정리해본다.

니체 – 영혼의 치유사

니체는 바젤 대학 교수를 사직하고 세상을 떠나기 전, 10년 동안 극심한 고통의 시절을 보낸다. 그는 진통 속에서도 흔들리지 않는 자기만의 고유한 전통을 만들어갔다. 즉 니체는 고통을 극복해낸 롤 모델이 될 수 있다. "커다란 고통을 가할 수 있는 힘과 의지를 자신 안에서 느끼지 못한다면 어찌 위대한 것에 도달할 수 있겠는가?" 니체의 《즐거운 지식》에 나오는 말이다. 고난으로 쌓아올린 자기만의 이야기는 난공불락의 성(城)이다. 1887년 심각한 우울증을 잃기 시작한 니체는 1889년 《디오니소스의 송가》라는 자신의 마지막 책을 저술한 후, 이듬해인 1900년에 세상을 떠났다. 삶의 말년을 병마와 싸우며 지낸 니체였지만 질병이 주는 고통들이 니체의 저술을 가로막지는 못했다. 니체는 오히려 글쓰기를 자기극복의 과정으로 삼았고 몸으로 밀려드는 고통과 동거하며 대작을 완성해냈다.

"모든 글 중에서 누군가가 자신의 피로 쓴 것만을 나는 사랑한다. 피로 쓰거라. 그러면 피가 곧 정신임을 알게 되리라. 타인의 피를 이해하기란 쉬운 노릇이 아니니, 나는 한적하게 글 읽는 자들을 증오한다."
—《차라투스트라는 이렇게 말했다》

니체의 고백처럼 피로 쓴 글이라야 피로에 맥을 못 추는 사람들에게도 한 줄기 서광을 전해줄 수 있다. 우리가 니체를 읽어야 하는 이유는 니체를 통해 고통과 고난의 바다를 건너는 법을 배울 수 있기 때문이다. 임신 없이는 출산도 없다. 기다림의 숙성 과정이 없다면 성숙한 글을 절대로 쓸 수 없다. 글은 살아가면서 겪는 고통과 환희의 경험이 숙성과 발효를 거쳐 그 사람 특유의 향기가 묻어나는 작품으로 탄생한다. 니체의 또 다른 책《이 사람을 보라》에 나오는 말을 음미해보자.

"가능한 한 앉아 있지 마라: 야외에서 자유롭게 움직이면서 생겨나지 않는 생각은 무엇이든 믿지 마라 ─ 근육이 춤을 추듯이 움직이는 생각이 아닌 것도 믿지 마라. 모든 편견은 내장에서 나온다. ─ 꾹 눌러앉아 있는 끈기─ 이것에 대해 나는 이미 한 번 말했었다 ─ 신성한 정신에 위배되는 진정한 죄라고…."—《이 사람을 보라》

구부정한 허리로 엉거주춤 앉은 자세로 쓰는 글은 그 자체가 답답하다. 구부러진 허리는 내장을 뒤틀리도록 하고 거기서 각종 편견과 선입견은 물론 타성에 젖은 생각들이 줄줄이 사탕처럼 쏟아져 나온다. 니체는 몸으로 글을 쓴 철학자요 시인이다. 그는 우리에게 고통을 승화시켜 자신의 삶을 철학으로 만드는 방법을 머리가 아닌 몸으로 가르쳐 준 스승이다. 또한 니체는 글이란 무릇 몸으로 쓰는 것임을 가르쳐 준 글쓰기의 스승이기도 하다. 니체는 오랜 세월 동안 가짜 의사들이 처방해온 잘못된 철학적 자료들을 제거함으로써 그간 정신에 지배당해 핍박과 고통으로 얼룩진 육체를 회복해야 한다고 주장한 영혼의 치유사다.

니체 – 체험적 깨달음의 전도사

니체는 몸으로 쓰는 글의 전형을 보여주기 위해 신체를 경멸하는 자들에게 일갈을 날린다.

> "신체를 경멸하는 자들에게 나 나의 말을 하련다. 저들로서는 이제 와서 새로운 것을 배우거나 전과 다른 가르침을 펼 필요가 없다. 그 대신 자신들의 신체에게 작별을 고하고 입을 다물면 된다." —《차라투스트라는 이렇게 말했다》

위의 말은 니체의 신체 찬송가다. 신체성이 확보되지 않으면 모든 감각적 깨달음을 몸으로 느낄 수 없다. 신체를 경멸하고 무시한 철학자가 주장하는 관념적 철학이나 주장은 공허할 뿐이다. 신체로 깨달은 지혜가 아닌 머리로 분석하고 편집한 지식이기 때문에 그렇다. 타인의 경험들을 편집해 지식을 만들 수는 있지만, 지혜는 오로지 나의 체험적 깨달음을 통해 만들어진다. 이어지는 니체의 주장은 거침이 없다.

> "영혼이란 것도 신체 속에 있는 그 어떤 것에 불과하다. 신체는 커다란 이성이며, 하나의 의미를 지닌 다양성이고, 전쟁이자 평화, 가축 떼이자 목자이다. 형제여, 네가 정신이라고 부르는 너의 작은 이성, 그것 또한 너의 신체의 도구, 이를테면 너의 커다란 이성의 작은 도구이자 놀잇감에 불과하다." —《차라투스트라는 이렇게 말했다》

커다란 이성인 신체가 작은 이성인 기존의 이성을 통제하고 지배한다. 마음과 영혼도 신체 속에 세 들어 사는 세입자일 뿐이다. 몸이 실종되면 마음과 영혼도 날아간다. 니체는 정신 우위에 있던 서구철학 전통을 망치로 깨부수고 거기에 몸이 중심이 되는 디오니소스적 광기의 철학 전통을 새로 세우고자 했다. 그리고 숱한 반발과 저항을 예상했다. 그들이 믿고 있던 신념체계를 대신한 새로운 가치를 강력히 주장했기 때문이다.

"체험을 통해 진입로를 알고 있지 못한 것에 대해서는, 그것을 들을 귀도 없는 법이다(377쪽)."《이 사람을 보라》에 나오는 니체의 명언 중 하나다. 필자는 몸으로 겪어보지 못한 체험들을 아무리 정교한 언어를 사용해 설명해도 알아듣지 못한다. 내가 직접 경험해보지 못했기 때문에 해당 분야나 영역에 대하여 감흥을 얻지 못하는 것이다. 체험이 없으면 가슴으로 느낄 수 없기 때문에 논리적으로 정교한 설명을 듣더라도 나의 피부를 파고들지 못한다. 체험이 누락되었거나 부재한 이야기들은 허공을 돌며 사방으로 산산이 부서지는 관념의 파편들일 뿐이다. 이와 관련해 니체는 이렇게 말한다.

"모든 행위들은 본질적으로 미지의 것이다. 어떤 행위에 대해 알 수 있다는 것이 행위로 바로 이어지기에는 결코 충분하지 않다는 것. 인식에서 시작해 행위로 이르는 다리는 지금까지 단 한 번도 놓인 적이 없었다."─《아침놀》, 116절

올바른 인식에는 올바른 행위가 반드시 뒤따르지 않는다. 인식이 행동을 보장하지 않지만 행동은 반추와 성찰이 뒤따른다면 이전과 다른 인

식을 가져온다. 몸으로 터득하는 인식에는 언제나 기쁨이 뒤따르지만 머리로 증명한 인식에는 몸의 기쁨이 동반되지 않는 경우도 많다.《안티크리스트》에서 니체는 이렇게 말하고 있다. "삶의 본능이 강요하는 행위가 옳은 행위라는 것에 대한 증거는 바로 기쁨이다: 그런데 그리스도교적—독단적인 내장을 갖고 있는 허무주의자는 기쁨을 반박으로 이해했다… 내적인 필연성도 없고, 철저한 개인적인 선택도 없이, 기쁨도 없이 일하고 생각하고 느끼는 것보다 더 빨리 파괴하는 것이 무엇이란 말인가? '의무'라는 기계보다 더 빨리 파괴하는 것이 무엇이란 말인가?"

한바탕 웃음이나 일시적인 재미가 아니라 몸으로 깨닫는 기쁨이 동반된 성취는 행복한 추억으로 몸에 각인된다. 니체는 스스로 몸으로 터득한 깨달음을 촌철살인의 메시지로 전하는 체험적 지혜의 전도사다.

니체 — 전쟁의 명수

니체는 빛과 어둠, 바다와 정상, 음지와 양지, 절망과 희망, 실패와 성취, 걸림돌과 디딤돌, 질병과 건강, 신체와 이성 사이에 놓인 장벽을 허물었다. 그는 지금까지 옳다고 믿는 신념체계를 망치로 산산조각 내버린다. 세계를 깨부수고 그 정점에서 차라투스트라를 등장시킨 니체. 그는 《우상의 황혼》의 부제를 '망치를 들고 철학하는 법'이라고 달았다.

니체는 세상의 모든 가치들을 파괴하고자 했다. 그는 단테를 '무덤 위에서 시를 짓는 하이에나'로 규정하고, 칸트를 '예지적 성격으로서의 허위'라고 비판한다. 빅토르 위고는 '부조리의 바다에 있는 등대'라고 깎아내린다. 니체는 세상의 어느 누구와도 싸움을 하는 전사(戰士)다. 부조리와 거짓, 편견을 은폐하려는 움직임이 조금이라도 보이면 거침없이 습격해 복구할 수 없을 정도로 파괴하는 그였다. 니체는 그로 인한 비난과 질

책의 소리들을 듣지도 않는다. 오로지 니체는 평생을 온전히 자기를 극복하는 사람으로 거듭나기 위해 매순간 전쟁과 같은 삶을 살아간다.

> "우리는 어떻게 우리 자신인 존재가 되고자 하는가 — 새로운 자, 유일한 자, 비교할 수 없는 자, 스스로 법칙을 세우는 자, 스스로를 창조하는 자가 되고자 하는가!" —《즐거운 지식》

우리가 전쟁 같은 삶을 살지 않는다면 순식간에 새로운 자가 아닌 낡은 자, 유일한 자가 아닌 무수히 많은 자, 스스로 법칙을 세우는 자가 아닌 누군가 만든 법칙을 수용하는 자, 스스로를 창조하는 자가 아닌 창조된 것을 모방하는 자로 전락한다. 새로운 시도를 하다 몰락하는 게 아닌 아무 시도조차 않다가 속수무책으로 몰락하는 자가 되고 만다. 또한 니체는 '그리스도교에 대한 저주'라는 부제목이 달린 《안티크리스트》에서 정상에 시비를 거는 극소수의 비정상에 대해 이렇게 말한다. "누구도 물어볼 용기가 없는 문제들을 선호하는 강건함; 금지된 것에 대한 용기; 미궁으로 향하는 예정된 운명… 이제껏 침묵하고 있는 것들에 대한 양심, 그리고 위대한 양식의 경제성을 추구하려는 의지; 그 힘과 열광을 흩어지지 않게 한데 모으려는 무조건적 자유…."

니체는 '방안의 코끼리'처럼 누구나 아는 문제지만 아무도 거론하지 않아서 누구도 거들떠보지 않는 은폐의 늪으로 몸을 던져 감춰진 부분을 들춰내는 용기를 발휘한다. '만족이 아니라 더 많은 힘; 결코 평화가 아니라 싸움(216쪽)'을 선택한 니체는 '힘이 증가된다는 느낌, 저항이 극복되었다는 느낌(216쪽)'이 들수록 기득권으로 위장한 기존 세력의 허구성을 공격하기 시작했다. 자신의 운명을 다이너마이트로 간주하는 니체는 '미궁으로 향하는 예정된 운명'이라도 두려워하거나 불안해하지 않고 그 운명 자체를 사랑하는 축제의 삶을 살아가라고 말한다. 이는 우리에게 너무나 친숙한 니체의 운명관 아모르파티(amor fati), 즉 '자신의 운명을 사랑하라'는 말로 전해진다.

> "나는 인간이 아니다. 나는 다이너마이트다… 나는 전대미문의 복음의 전달자이다… 진리가 수천 년 간의 거짓과 싸움을 시작하면 우리는 동요되고, 꿈도 꾸어보지 못했던 지진의 경련과 산과 골짜기의 이동을 경험할 것이기 때문이다." —《이 사람을 보라》

"나를 특징짓는 또 하나의 것은 싸움이다. 나는 기질상 호전적이다. 공격은 내 본능의 일부이다(343쪽)."《이 사람을 보라》에 나오는 말이다. 니체에게 공격은 호의에 대한 증거이자 감사함에 증거라고 말한다. 그는 승리하는 것들만 골라서 공격하고 자신을 위태롭게 만드는 것만을 골라서 공격한다. 그는 힘겨운 노동보다 격렬한 전투를 사랑했고, 지루한 평화보다 짜릿한 승리를 사랑했다. 이처럼 니체는 쉼 없이 공격하고 싸우는 전쟁의 명수다.

니체 – 전복과 파괴의 스승

니체는 플라톤으로 시작된 서양철학의 형이상학적 신념과 기독교 교리가 만든 낡은 도덕관념과 신념을 비판한다. 그리고 인간의 잠재적 능력을 최고도로 끌어올려 건강하고 행복한 삶을 만드는 새로운 정신적인 토대를 구축하는 것을 철학적 목적으로 삼았다.

"삶에 대한 자신의 이유인 '왜냐하면?'을 가진 자는, 거의 모든 방법, 거의 모든 '어떻게?'를 견뎌낼 수 있다" ―《우상의 황혼》

도덕이든 법이든 그것이 아무런 이유 없이 인간을 지배하려는 위장된 야망과 특정 집단의 편견의 산물이 왜 지금 우리를 옭아매고 있는지를 물어야 한다. 니체는 누군가에 의해서 은폐되어 침묵하고 있는 세계를 드러내려는 의지를 불태우며 세상의 통념과 허식, 편견에 맞서 싸운 전사였다. 니체는《아침놀》에서 사상가를 네 등급으로 분류한다. 첫째, 현상의 표면을 바라보는 '피상적 사상가'. 둘째, 심층이나 현상의 이면을 파고들어 깊은 곳을 연구하는 '심오한 사상가'. 셋째, 사물의 근거를 파고들어 현상 밑의 바닥을 탐구하는 '철저한 사상가'. 마지막으로 머리를 진흙탕에 박고 밑바닥을 뚫고 들어가서 파헤치고 뒤엎는 '지하의 사상가'가 있다. 마지막 사상가는 '심오한 사상가'처럼 깊이를 추구하거나 '철저한 사상가'처럼 근본을 해명하지 않고 깊이 뿌리박고 있는 근거 자체를 뒤집어엎는 사상가다. 니체의 표현에 따르면 이들이야말로 사랑스러운 지하의 철학자다. 니체는 평생 지하의 사상가처럼 깊이 파고들어 세워놓은 이전의 철학적 전통을 뿌리째 전복시켜 지금까지의 철학적 탐구와 성취 결과가 무의미하며 잘못된 신념에 근거하고 있음을 파헤친 전복과 파괴의 스승이다. 전복과 반란, 파괴와 생성을 위해 니체가 들고 다니는 망치는 마음 구석구석에 깊은 상처를 남기는 강력한 펀치가 된다.

"너는 네 자신의 불길로 너 자신을 태워버릴 각오를 해야 하리라. 먼저 재가 되지 않고서 어떻게 거듭나길 바랄 수 있겠는가!" ―《차라투스트라는 이렇게 말했다》

니체의 말처럼 스스로를 불태워 없애고 다시 시작하는 용기와 결단이 지금 우리에게 가장 필요한 판단이다. 이를 실천하려면 반복적인 일상에서 만나는 사소한 일들, 하찮다고 생각하는 것들에 비상한 관심을 갖고 접근해야 한다. 주변을 관찰해야 주위를 넘어서는 혁명을 일으킬 수 있다.

"가장 가까이 있는 것들이 대부분의 사람들에 의하여 전적으로 잘못 간주되고, 거의 관찰되지 않고 있다는 사실을 인정해야 할 것이다(223쪽)…. 가장 사소한 것과 가장 일상적인 것에 무지하고 예리한 안목이 없다는 것, ─ 이것이 바로 많은 사람들에게 이 땅을 재앙의 초원으로 만드는 것이다." ─《인간적인 너무나 인간적인 II》

사소한 것에 주목하지 않으면 일상을 비상하게 만드는 사건을 만들 수 없다. "우리가 이 작은 잡초를 조심하지 않으면 알지 못하는 사이에 그것 때문에 몰락한다(341쪽)."《아침놀》의 435절에 나오는 말이다. 전복과 파괴는 일상에 대한 비상한 관심에서 시작된다. 무조건 뒤집어엎고 파괴하면 그 자리에서 새로운 건축과 시작이 보장되지 않는다. "인간은 왜 사물들을 보지 못하는가? 이는 인간 자신이 방해가 되기 때문이다. 그는 사물들을 은폐한다(342쪽)."《아침놀》438절에 나오는 니체의 말, 통찰을 눈여겨봐야 할 것이다.

니체 ─ 잠언의 연금술사

니체는 세상을 떠나기 전, 온몸을 파고드는 병마와 싸우면서도 글쓰기를 포기하지 않았다. 청력을 거의 상실한 베토벤이 자신에게 닥친 극도의 불안함을 '앙스트블뤼테(Angstblüte)'라는 창작의 꽃으로 피워냄으

써 저력을 발휘했듯 니체 역시 자신을 엄습해온 불안, 고독과 싸우며 세상을 향한 마지막 절규를 《디오니소스 송가》에 녹여냈다. 앙스트블뤼테는 앙스트(불안)와 블뤼테(개화)의 합성어로 '불안 속에 피워낸 꽃'이라는 뜻이다. 견딜 수 없는 편두통과 온몸을 휘감는 고통들이 매시간 그를 괴롭혔지만 니체는 자신에게 다가온 육체의 고통을 이겨내며 장엄한 서사시를 만들어간다. 우울함과 불안감 속에서도 병들지 않는 정신, 날아오르고 싶은 상상력을 동원해 작품을 남긴다. 니체는 아모르파티(amor fati)를 입으로 전하지 않고 몸으로 증명했다. 그의 글들은 진중함이 버틸 수 없는 무거움으로 다가오다가도 이면에 깃들여진 니체의 의도와 본심을 관찰하고 있자면 명랑하고 쾌활한 니체의 시심 때문에 미소를 짓게 된다. 창백한 밤하늘에 보일 듯 말 듯 떠 있는 초승달로부터 보름달의 미래를 간파한 니체는 부정에서 긍정을 읽어내고 궁지에서 경지를 꿈꾸며 절망에서 희망을 불러온다. 니체는 고통스러울 때마다 철학적 시를 읊으며 자신을 위로했고 촌철살인의 잠언을 남기며 고통에서 벗어나고자 했다. 니체가 사용한 단어들은 광기와 열정이 가득하고 자신에게 닥친 한계를 극복하려는 의지가 느껴진다. 잘못 읽으면 단어가 품고 있는 열기에 돌이킬 수 없는 깊이의 상처가 생긴다. 그런 단어들이 세상을 관망하며 침묵을 지키다 갑자기 세상 밖으로 튀어나와 설법을 펼친다. 세상 사람들이 알아주든 말든 아랑곳없이 저마다의 심연에서 깨달은 교훈을 가슴에 품고 담소를 나누던 단어들이 의기투합하여 하나의 문장이 되는 순간, 갑자기 천둥과 번개가 치고 비바람과 눈보라가 번갈아 몰아치기도 한다. 한마디로 니체의 문장은 치명적이다. 책의 어떤 곳을 펼쳐도 섬뜩할 정도의 놀라움과 아찔한 영감들이 살아 숨 쉬듯 움직이며 살갗을 파고든다. 필자는 니체와 함께 새봄의 희망을 싹틔웠고 성하의 여름이 뿜어내는 열정을 배웠으며 스산한 가을 오후 깊은 사유의 늪에 빠져 겨울이 다가오는지도 모른 채 사색의 심연으로 내려가곤 했다. 니체가 남긴 짧은 아포리즘들은 한여름에도 간담이 서늘해지는 잠언이요, 뜨거운 심장에 얼음처럼 꽂히는 격언이다. 슬픔과 기쁨, 불행과 행복, 찬사와 냉소, 열정과 냉정, 디오니소스적 광기와 아폴론적 이성, 전쟁과 평화 등을 오가며 소용돌이치는 아포리즘이 급한 강물을 타고 바다로 향하다 어느 순간 하늘로 치솟아 오르기도 한다. 이처럼 니체는 잠언의 연금술사다.

니체 좀 읽어본 유라투스트라와 떠나는 철학 여행

다르게 배워야 다르게 느낀다. 그것도 몸으로 배워야 다르게 느낀다. 느낌은 머리로 생기지 않고 몸으로 생긴다. 몸으로 느끼는 감각적 체험이 과감한 행동을 유발한다.

"이제까지와는 다른 근거들에 의해 행해져야 한다고 생각한다. 우리는 다르게 배워야만 한다. 아마 상당히 오랜 시간이 지난 후가 될지도 모르지만, 마침내 더 많은 것에 도달하기 위해, 즉 다르게 느끼기 위해…." ―《아침놀》103절

심지어 니체가 배웠던 방식과도 다르게 배우는 과감한 결단을 내릴 때 새로운 세상이 눈앞에 펼쳐질 것이다. 니체로부터 시작했지만 니체로부터 벗어나 니체를 넘어서는 삶을, 니체는 주문했다.

"이제 너희에게 말하니, 나를 버리고 너희를 찾도록 해라. 그리고 너희가 모두 나를 부인할 때에야 나는 너희에게 돌아오리라(328쪽)."《이 사

람을 보라》서문에 나오는 말이다. 니체를 버리고 스스로를 찾아야 할 때다. 우리가 철학을 공부하는 목적은 어디에 있는가. 어떤 철학자의 책을 읽고 소화시켜 그것을 내 삶의 철학으로 재해석하기 위해서다. 니체는 나에게 한 사람의 철학자로 다가왔지만 결국은 하나의 사건을 만들었다. 니체가 깊은 고독 속에서 병마와 싸우며 정리한 니체의 철학책은 나에게 어느 날 벼락처럼 다가왔지만 그것은 니체의 삶의 단면을 담아냈을 뿐이다. 이제 내가 니체로부터 얻게 된 가르침은 온몸으로 살아간 자신의 삶을 자기만의 독특한 사유체계로 녹여낸 니체의 철학하는 방식이다. 니체를 떠나 위버멘쉬가 되기 위해, 현재의 나를 극복하기 위해 어제와 다른 안간힘을 쓸 때 비로소 나는 니체에게 배운 철학을 내 삶의 철학을 세울수 있다. 혼돈의 시대, 앞이 보이지 않는 불안한 시대다. 이처럼 불확실한 삶의 여정에 니체가 등불이 되어 우리 앞길을 밝혀주면 좋겠다는 바람을 가져본다.

2020년 봄, 니체를 실천하는 지식생태학자
유영만

화끈하게 벗어야 확실하게 보인다

니체(Nietzsche, 1844~1900년)의 《차라투스트라는 이렇게 말했다》를 폼으로 읽던 시절이 있었다. 고등학교 때였다. 무슨 말인지도 모른 채 니체를 읽고 있다는 자족감에서 비롯된 전시용 책읽기였다고나 할까. 니체는 자신의 책 《이 사람을 보라》를 통하여 "《차라투스트라는 이렇게 말했다》를 이해할 수 있는 사람이 없어서 책의 내용을 해석하는 교수진이 만들어질지도 모른다."고 예언했다. 니체는 100년 정도 지나면 자신을 이해하는 사람이 나타날 거라고 했다. 그만큼 《차라투스트라는 이렇게 말했다》는 이해하기 어려운 다양한 비유와 수사(修辭)가 등장하는 장편의 서사시다. 그렇다보니 고등학생이던 내가 이 책을 읽고 무슨 말인지 몰랐던 건 당연한 일이었다.

언제부턴가 니체가 다시 가까이 느껴지기 시작했다. 니체의 정체를 알고 싶은 호기심과 그의 전체를 꿰뚫고 싶은 지적 욕망이 들끓기 시작했다. 이 책을 쓰면서 나는 니체를 읽고 또 읽었다. 한 문장 한 문장, 니체의 글 사이를 유영하며 그의 사유를 좇았다. 그 길에서 그와 함께 바다를 건너기도 하고, 느닷없는 폭풍우를 만나 잠시 표류하기도 했다. 그러다 이름도 알 수 없는 섬에서 아침을 맞이하기도 했다. 낯선 섬을 헤매다 산을 오르기도 하고, 발을 잘못 디뎌 추락을 경험하기도 했다. 호흡을 가다듬고 다시 산의 정상을 향해 기어올랐다. 그러다 다시 추락하기를 몇 차례 반복했다. 그러자 그만둬버릴까 싶은 생각이 들었다. 그 순간 내 앞에 니체의 문장이 나타났다.

"등산의 기쁨은 정상에 올랐을 때 가장 크다. 그러나 나의 최상의 기쁨은 험악한 산을 기어 올라가는 순간에 있다. 길이 험하면 험할수록 가슴이 뛴다. 인생에 있어서 모든 고난이 자취를 감췄을 때를 생각해보라! 그 이상 삭막한 것이 없으리라."

니체는 나의 뇌에 주먹질을 해대기 시작했다. 내 가슴에 파동을 일으키고 내 피를 끓게 만들었다. 망치로 머리를 때리는가 하면 송곳으로 가슴을 후벼 파기도 했다. 니체는 속삭이다 울부짖었고 고함을 치다가 침묵 속으로 사라지기도 했다. 니체가 말하고자 하는 메시지에 귀 기울이고 가슴으로 읽어가면서 천의 얼굴을 가진 니체로 변신하는 그 과정에 나도 함께 동참했다.

나는 점차 니체에 중독되어갔다. 가슴이 뛰고 피가 끓고 니체에 완전히 흠뻑 빠져 한동안 헤어나오지 못했다. 내가 니체를 읽었다기보다 나도 모르는 사이 니체가 내 안으로 들어온 것이다. 황지우 시인의 〈나는 너다〉의 시처럼 니체는 내가 되었고, 나는 니체가 되었다. 더 이상 나는 내가 아니었다. 이미 니체가 꿈꾸는 천 개의 얼굴로 천 가지 길 앞에서 길을 잃었다. 그렇다. 내가 니체를 읽는 이유는 내가 가고자 하는 길을 니

　　　　　　　　　　　　　　　유라투스트라는 이렇게 말한다

체로부터 찾기 위해서가 아니라, 지금 가고 있는 길에서 벗어나기 위해서다. 우리가 니체를 통해 배워야 할 것은 길을 찾는 방법이 아니라 길을 잃는 방법이다. 책에는 길이 있지만, 그 길은 다른 사람이 걸어간 길이다. 어쩌면 그 길은 나의 길이 아닐 수도 있다. 그렇기 때문에 지금 내가 가고 있는 길이 진정한 나의 길인지 의문을 품고, 세상에는 한 가지 길이 아니라 천 가지 길이 있다는 사실을 깨닫는 것이다.

니체는 시종일관 나에게 질문을 던졌다.
"너는 누구냐?"

그는 나의 존재 이유를 묻기 시작했다. 니체 철학의 핵심적인 질문 중의 하나는 '우리는 어떻게 존재하는 대로의 우리가 되는가?'이다. 모든 지적 탐구의 주체는 '나'다. 아래는 덴마크의 철학자 키르케고르(Kierkegaard)의 말이다.

"나는 누구인가 하는 것은 어느 과학자도 알아낼 수 없으나, 자기 자신에게 주의를 기울이는 자라면 누구라도 알고 있는 것이니, 이것이야말로 삶의 기적이다."

문제는 나는 나로서 머물러 있지 않고 끊임없이 또 다른 나로 변신을 거듭한다는 것이다. 지금 알고 있는 나는 지금의 나일뿐이다. 지금 이 순간을 넘어서는 순간, 나는 더 이상 과거의 내가 아니다. 새롭게 변신한 나로 다시 태어나는 것이다. 미지의 세계를 지향하는 인간 존재는 주어진 상태로서의 정적인 존재가 아니라 끊임없이 변신하는 과정으로서의 동적인 존재다. 니체에게 존재는 명사가 아니라 동사다. 즉, 인간은 존재를 둘러싸고 일어나는 다양한 힘들이 투쟁관계를 통해서 부단히 만들어지는 것이다.

니체는 끊임없이 벗는다. 존재의 외벽을 둘러싸고 있는 껍질을 벗고, 색다른 생각의 임신을 방해하는 두터운 각질을 벗겨내며, 변신을 방해하는 과거의 허물을 벗는다. 니체는 스스로 나체가 되어 또 다른 자신으로 변신을 거듭한다. 니체는 그렇게 벗고 또 벗는다. 니체는 말한다. 존재는 벗어야 그 정체가 드러나며 비로소 본질을 알 수 있다고…. 나무의 본질은 나목(裸木)일 때 적나라하게 드러난다.

인간 존재의 본질 역시 나력(裸力, naked strength)에서 비롯된다. 나는 나(裸)일 때 참모습이 드러난다. 나의 본질은 나의 나체(裸體), 일말의 포장과 허식도 모두 걷어내고 마지막 남은 알몸에서 존재의 본질과 정체(正體)가 적나라하게 드러나기 때문이다. 니체는 인간의 신체(身體)를 나체(裸體)로 드러내고, 신체가 추구하는 욕망과 인간 전체(全體)의 모습을 탐구한 욕망의 철학자다. 알몸을 적나라(赤裸裸)하게 보여줄 때 '야~!' 하는 탄성이 나온다. 이것은 경이로운 발견, 낯선 마주침, 즐거운 상상 뒤에 찾아오는 감탄사다. 감동과 감탄의 탄성이 많은 사람은 야한 기질, 야성(野性)이 풍부한 사람이다.

야성은 길들여지지 않은 품성이다. 변신은 지성(知性)으로만 되지 않는다. 변신은 감성으로 시작해서 야성(野性)으로 완성된다. 에로스가 로고스를 이기는 것처럼, 이 야생마적 기질이 야성이다. 꾸밈없는 생각, 길들여지지 않은 생각이 야성이다. 생각의 임신을 방해하는 각질과 생각의 때를 벗겨내야 새로운 생각이 잉태되고, 새로운 변신이 시작된다. 야성은 기존의 생각, 중심부의 문맥에 갇히지 않고 변방에서 변화를 추구하려는 야심찬 마음이다. 야성이 있어야 야망을 꿈꿀 수 있다. 야망이 있는 사람은 가슴이 뛰고 피가 끓고 불끈 주먹이 쥐어진다. 야망이 있는 사람은 어떤 고난 앞에서도 굴하지 않고 시련과 역경도 파도를 타고 넘듯 유연하게 넘어선다.

　자신을 둘러싸고 있는 껍데기를 벗어 던지고 끊임없이 변신을 추구했던 니체. 그가 말하고 싶은 한 가지 화두, 그것은 '생존미학'이 아니라 '존재미학'이다. 니체가 던지는 화두는 먹고살기 위해서 발버둥치는 현대인들에게 얄팍한 자기계발 비법이나 던져주는 생존미학이 아니다. 니체의 화두는 스스로를 발가벗기고 자신의 참모습을 발견하기 위해 끊임없이 변신을 거듭하는 존재미학이다. 나를 나로 올곧게 세우기 위해서는 지금여기에 안주하고 있는 나를 스스로 흔들어 깨워야 한다. 과연 나는 진정한 나로 살고 있는가? 근본에 관한 질문은 존재의 모습에 관한 물음이다. 존재 자체를 뒤흔드는 질문이 존재를 더욱 튼실하게 만든다. 세차게 흔들려본 사람은 더 큰 시련과 역경에도 넘어지지 않는다.

　스스로 흔들지 않으면 누군가에 의해 흔들린다. 내가 먼저 나를 흔들어야 남도 흔들 수 있다. 흔들어도 제정신으로 돌아오지 않을 때는 낡은 나를 망치로 부술 만큼의 용기가 필요하다. 두뇌를 수술하는 일이니 고통이 따르겠지만, 심하게 부서진 그곳이 바로 내가 다시 일어설 지점이다. 스스로를 파멸시켜야 또 다른 나로 재탄생할 수 있기 때문이다.

　나를 흔들고 깨부수면서 끊임없이 변신하는 길만이 생존을 확보하는 유일한 길이라는 니체의 이 존재미학을 여러분과 함께 나누고 싶다. 부디 이 아름다운 '나체'의 힘이 내가 니체를 만나면서 느꼈던 그 후끈한 감동처럼 여러분에게도 화끈하게 전달되기를 기대한다.

3장

니체처럼 변신하라

"내 안에 천 가지 모습이 있다!"

부록

니체 망치를 던지다

니체의 말 113선 수록 · 205

Also Sprechen Yourathustra

1

니체처럼 흔들어라

"나는 진정한 나로 살고 있는가?"

> "나는 밧줄 사다리로 온갖 창문에 기어오르는 법을 배웠다. 나는 민첩한 발로 높은 돛대에 오르기도 했다. 나는 다양한 길과 방법을 통해 나의 진리에 이르렀다. 내가 사다리 하나로만 먼 곳을 볼 수 있는 위치까지 오른 것은 아니다. 나 역시 계속해서 물어가며 걸었다. 물음과 시도, 그것이 내 모든 행로였다."
> ─《차라투스트라는 이렇게 말했다》

01
진지하게 나의 길을 물어라

물음이 없으면 답도 없다

물음은 세상을 향해 던지는 질문의 그물이다. 물고기를 잡고 싶다면 우선 그물부터 던져야 한다. 마찬가지로 해답을 찾으려면 질문을 던져야만 한다. 묻지 않고 섣불리 해답을 찾으려는 것은, 그물도 던지지 않고 고기를 잡겠다는 오만한 게으름과 같다. 또한 자신의 물음을 사랑해야 한다. 고기잡이를 나가기 전 성글어진 그물을 꿰매는 어부의 손길처럼, 나의 물음에 귀를 기울여야 한다. 그리고 스스로에게 물어야 한다. 진정 내가 가고 싶은 길은 어디인가? 왜 꼭 그 길을 가야 하는지, 어떻게 그 길을 갈 수 있는지, 그리고 무엇을 준비해야 하는지 스스로 묻고 답해야 한다. 그렇지 않고서는 진정한 나의 길을 찾을 수 없다. 니체 역시 스스로 제기한 물음에 대해 진지하게 성찰하지 않고서는 다음 계단을 밟을 수 없다고 말한다.

새로운 나로 거듭나고 싶다면 진지하게 묻고 진지하게 답해야 한다. 뿐만 아니라 이전의 것과 다른 종류의 고기를 잡고 싶다면 낚시 바늘을 바꿔야 한다. 미끼도 바꿔야 하고, 고기 잡는 위치도 옮겨야 한다. 마찬가지로 과거와 다른 답을 찾고자 한다면 질문 또한 달라져야 한다. 좋은 물음이 좋은 답을 낳는 법이다.

어떤 물음을 던질 것인가?

'물음'은 '모름'을 해결하기 위한 최고의 지적 자극제다. 우리가 잘 안다고 확신하는 것도 고개를 갸우뚱거리며 의문을 제기할 때 '물음'이 시작된다. 잘 안다고 생각하는 '앎'을 의심해봐야 내가 알고 있는 앎의 수준을 파악할 수 있다. 나의 길이라고 확신했던 길이 과연 나의 길인가? 나는 그 길을 제대로 가고 있는가? 니체는 이렇게 묻는다.

"이제 나 홀로 나의 길을 가련다. 너희들도 이제 한 사람, 한 사람 제 갈 길을 가라! 내가 바라는 것이 바로 그것이다. 진실로 너희들에게 권하거니와 나를 떠나라."

나의 길에 대한 물음은 새로운 길에 대한 답을 보여준다. 물음의 방향이 답의 방향을 결정하는 것이다. 나는 스스로에게 어떤 질문을 던질 것인가? 어떤 질문을 던지느냐에 따라서 나의 길의 방향이 달라진다. 너의 길이 아닌 나의 길! 오직 나만이 갈 수 있는 나의 길을 찾기 위해 니체는 끊임없이 묻고 답하라고 말한다. 모두가 가야 할 단 하나의 길은 존재하지 않으며, 각자 자신의 길을 찾아야 하기 때문이다. 그런데 길을 찾는 자는 고민에 빠진다. 내가 길을 찾고 있다는 사실만이 존재할 뿐, 그 밖에 확실한 것은 아무것도 없기 때문이다. 이 세상에는 수천, 수만 개의 길이 있다. 그 많은 길들 중 어느 길을 선택해야 하는지 그 갈림길에서 우리는 종종 방황한다. 이런 우리에게 니체는 말한다.

"그대는 그대 자신을 불 싸질러야 한다. 재가 되지 않고 어찌 새로워질 수 있겠는가?"

새로워지기 위해 스스로 불을 싸지를 수 있는 용기가 체험이 된다. 지금 방황하고 있다면 체험이 중요하며, 도움이 된다. 불확실한 세상에서 도전해본 '체험'이 없는 사람은 '위험'이 닥쳐왔을 때 쉽게 '시험'에 빠진다. 우왕좌왕 고민과 갈등으로 시간을 값없이 보낸다. 그래서 가장 안전한 '보험'은 다양한 '경험'을 통해 직접 깨달은 삶의 지혜다. 바로 내 안에 숨어 있는 가능성의 문 안, 미지의 길 안으로 직접 들어가는 것이다.

나의 길은 어디에 있는가?

세상은 넓고 길은 널려 있다. 하지만 진정한 나의 길은 따로 있다. 니체 역시 "나는 이것저것 가리지 않고 온갖 것을 다 좋다고 받아들이는 자들을 좋아하지 않는다."고 말한다. 누군가 이미 만들어놓은 길도 많다. 하지만 그런 반듯한 길은 나의 길이 아니다. 나만의 길이란 누구도 가지 않은, 스스로 걸어서 만드는 새로운 길이다. 내 안에 잠자고 있는 나를 흔들어 깨우는 길, 나의 잠재력을 200퍼센트 발휘할 수 있는 길을 걸어가야 한다. 그렇다면 나의 길은 어디에 있는가? 그 길은 내 안에 있다. 내 안에서 찾아야 한다. 밖으로 향한 길은 넓고 많지만 안으로 향한 길은 좁고 적다. 그래서 우리는 쉽게 밖에서 길을 찾고자 하지만, 아무리 노력해도 그곳에는 내가 원하는 답이 없다. 새로운 나의 길은 내 안에 숨어 있기 때문이다. 스스로에게 물음을 던지고, 그 물음에 답하지 않았기 때문에 찾지 못했던 것뿐이다.

새로운 고기를 잡고 싶으면 새로운 그물이 필요하듯 새로운 관점으로 나에게 물음의 그물을 던져라. 그런 질문의 반복을 통해 비로소 나만의 길을 만들어가는 것이다. 그 길을 걸어가는 여정에서 어느 순간 욕망의 물길이 치솟는 때를 맞이한다. 그것이 바로 '물음표'가 가져다주는 '느낌표'다. 바로 그 느낌표가 시키는 대로 걸어가라. 이와 관련해 니체는 이렇게 말한다(《우상의 황혼》).

"자신의 '왜?'라는 의문에 명백한 답을 제시할 수 있다면, 이후의 모든 것은 매우 간단해진다. 어떻게 해야 하는지에 대해서도 곧 알 수 있다. 일부러 타인을 흉내 내면서 허송세월을 보내지 않아도 된다. 이미 자신의 길이 눈앞에 명료하게 보이기 때문에 이제 남은 일은 그 길을 걸어가는 것뿐이다."

아무도 걷지 않은 나만의 길을 갈 때, 마침내 새로운 나를 만날 수 있다. 사람들은 더 이상 고만고만한 스펙에 주목하지 않는다. 나만의 길(My way)을 가면서 깨달은 나만의 스토리(My story)에 주목한다. 나만의 길은 남과 비교해서 찾을 수 있는 것이 아니다. 오로지 자신의 내면에 잠재된 꿈과 욕망의 물줄기에서 나온다. 그것이 바로 My way다. My way는 내 삶의 스토리, 체험적 스토리가 쌓이면서 만들어진다. 나만의 체험적 스토리가 쌓여야 나만의 새로운 길이 열린다.

"이제는 이것이 나의 길이다. 너희들의 길은 어디 있는가?" 나는 내게 '길'을 묻는 자들에게 이렇게 대답해왔다. 왜냐하면, 모두가 가야 할 단 하나의 길이란 아예 존재하지 않기 때문이다! ─《차라투스트라는 이렇게 말했다》

> "자신을 진정으로 사랑하기 위해서는 먼저 자신의 힘만으로 무엇인가에 온 노력을 쏟아야 한다. 자신의 다리로 높은 곳을 향해 걷지 않으면 안 된다. 그것에는 분명 고통이 따른다. 그러나 그것은 마음의 근육을 단련시키는 고통이다."
>
> ─《차라투스트라는 이렇게 말했다》

02
오직 나의 두 발로 걸어라

나는 강자인가, 약자인가?

나는 내 인생의 주인으로 살고 있는가? 아니면 남의 인생으로 살고 있는가? 니체는 삶의 주체성을 매우 중요시했다. 그 주체성에 따라 삶의 강자와 약자를 구분했다. 니체가 말하는 강자란 사회적 명예나 부, 권력 따위를 가진 사람이 아니다. 세상의 잣대에 비추었을 때 비록 사회적 명예나 부가 부족하더라도, 스스로의 의지와 노력으로 자신의 삶을 만들어가는 사람을 진정한 강자라고 보았다.

"낯선 사람의 등과 머리에는 올라타지도 말라."는 니체의 말처럼 자신의 생각 없이 살면 결국 사는 대로 생각하게 된다. 내 인생의 주인이 내가 아닌 '낯선 사람의 등과 머리'가 되는 것이다. 그렇게 되면 스스로 내 삶에 명령을 내리지도 못하고, 남의 명령에 따라 수동적으로 살아가게 된다. 그래서 니체는 이렇게 말한다.

"너는 지금의 너를 뛰어넘어 저 위에 네 자신을 세워야 한다. 그러려면 너의 신체와 영혼이 먼저 반듯하게 세워져 있어야 할 것이다."

기존의 낡은 가치를 당연시하며 습관적으로 따르는 사람에게 자신의 삶은 존재하지 않는다. 그저 남의 삶을 흉내 내는 것에 지나지 않는다. 익숙한 대로 사는 삶. 그런 삶의 습관은 관습을 낳고, 관습이 굳어지면 결국 맹목적으로 따라갈 뿐이다. 다르게 생각하고 다르게 행동하는 길이 원천적으로 막혀버린다. 그때부터 나의 삶을 사는 것이 아니라, 남의 삶을 살아갈 뿐이다. 그것이 니체가 말하는 약자의 삶이다.

나에게 주체적 의지가 있는가?

'떴다 떴다 비행기, 날아라 날아라 우리 비행기.' 누구나 어린 시절 즐겨 부르던 익숙한 동요가사다. 그런데 내용을 잘 살펴보면, 처음에는 비행기가 떴다가 나중에는 '날아라'라는 염원으로 바뀌는 것을 알 수 있다. 떴다가 날아가는 비행기. 비행기가 뜨는 것과 나는 것에는 어떤 차이가 있을까? 이어령 박사는 《젊음의 탄생》에서 '뜨다'와 '날다'의 차이점을 흥미롭게 설명한 바 있다.*

---

*독수리의 날개는 폭풍이 불어도 태양을 향해 날아오르고, 잉어의 강한 지느러미는 급류의 물살과 폭포수를 거슬러 용문에 오릅니다. 아이들은 뛰어서 맞바람을 일으키면 바람 없이도 바람개비가 돌아간다는 원리를 압니다. 순응이 아니라 역풍이 만들어내는 이 양력(揚力)이야말로 우리를 날게 하는 창조적 지성, 그 방향을 결정짓는 이성의 힘이라고 할 수 있습니다. - 이어령, 《젊음의 탄생》

타율적 힘에 의해 '뜨는' 것과 자율적 의지에 의해 '나는' 것, 이 둘 사이에는 엄청난 차이가 존재한다. 비행기가 더 높이, 그리고 더 멀리 날아가기 위해서는 활주로가 필요하다. 그리고 비행이 원활할 수 있도록 활주로도 말끔히 정비하고, 비상하는 연습도 게을리 하지 않아야 한다. 이런 준비과정을 무시한 채 하루아침에 날려고 하다가는 이륙은커녕 하루아침에 추락할 수 있다. 어느 날 갑자기 두둥! 하고 날아오를 수 있는 사람은 아무도 없다. 오랜 준비를 해온 사람만이 더 멀리 그리고 높이 날아오를 수 있다. 무엇인가를 오랫동안 준비해온 사람은 어느 날 갑자기 추락하는 일도 없다. 간혹 우리는 상승세를 타며 승승장구하는 사람을 보면서, 그가 어느 날 갑자기 유명해졌다고 오해하며 시기와 질투를 보낸다. 하지만 그것은 어디까지나 우리의 착각일 뿐이다. 그는 용솟음치는 도약의 기회를 만들기 위해 오랜 시간 성실하게 노력해온 당연한 결과를 지금 누리는 중이다.

어느 날 갑자기는 없다

어느 날 갑자기 이루어지는 것은 아무것도 없다. 어느 날 갑자기 저절로 이루어지는 유일한 방법은 진지한 실천을 반복하는 것뿐이다. 전문가적 통찰력, 독창적인 역량은 오로지 진지한 실천을 반복한 결과다. 손은 마음의 칼이다. 그래서 실천하는 손은 생각하는 머리보다 위대한 것이다. 어떤 일이든 달인이 되는 비결은 무한 반복, 무한 연습이다. 자칭, 타칭 달인이라 여겨지는 사람들은 일에 임하는 마음자세부터 다르다. 이들은 자기 분야의 최고라는 자긍심을 갖고 있지만, 자만심에 물들지 않기 위해 항상 초보자의 마음을 유지한다. 즉 초심인 것이다. 겸손한 마음으로 전력투구하는 자세를 잃지 않는 것이다. 시간과 정성을 들여 진지한 실천을 반복할 뿐이다. 이런 위대함의 이면에는 사소함이 숨어 있다. 사소한 일을 쉬지 않고 반복하는 노력이 위대한 성취를 가져오는 최고의 비결이다.

> 높이 오르고 싶으면 그대들 자신의 발을 사용하라! 결코 실려서 오르는 일이 있어선 안된다. 낯선 사람의 등과 머리에는 올라타지도 말아라! ─《차라투스트라는 이렇게 말했다》

> "당신은 어떤 일에 책임을 지려 하는가. 무엇보다 자신의 꿈의 실현에 책임을 지는 것이 어떤가. 꿈을 책임질 수 없을 만큼 당신은 유약한가? 아니면 용기가 부족한가? 당신의 꿈 이상으로 당신 자신인 것도 없다. 꿈의 실현이야말로 당신이 가진 온 힘으로 이루어 내야 하는 것이다."
>
> ―《아침놀》

03
나를 책임지고 지배하라

스스로를 책임질 수 있는가?

니체는 대다수 사람들이 온전히 자기 자신으로 살지 못한다고 생각했다. 부족한 대로 자족하는 삶, 그것은 무책임한 삶을 의미한다. 니체는 '인간의 참된 소명은 자기 자신에 도달하는 일'이라고 말한다. 이것은 자기 삶의 책임을 의미한다. 나를 책임지고, 온전한 나의 모습으로 살아가는 것이다. 니체의 말대로 내 안의 잠재력을 완전히 펼치는 삶이다.

니체의 바람과는 다르게 우리는 얼마나 자신의 모습에 만족하는가? 얼마나 자신에게 감동하며 살고 있는가? 늘 스스로를 부족하다고 느끼며 실망감에 빠져 있지는 않은가? 우리는 살아가는 동안 자신의 능력을 극히 일부만 드러낸 채 살아간다. 니체에 의하면 이런 삶은 자기 존재에 대한 책임을 다하지 못하는 삶이며, 동시에 자신을 장악하지도 지배하지도 못하는 삶이다. 더 완전한 나를 열망하지 않고 적당히 부족한 채로 만족해하며 살아가는 것이다. 충만하지 못한 삶이 강물처럼 덧없이 흘러가는 것을 그저 지켜볼 뿐이다. 여전히 뒷짐을 진 채로 말이다. 그렇다면 나의 잠재력을 온전히 펼치기 위해 무엇이 필요한가? 해법은 간단하다. 바로 삶의 최고점까지 자신에게 과감하게 도전하는 것이다. 자신과의 경쟁에서 승리한 사람일수록 크고 위대한 경쟁의 승리자다. 쉼 없이 자신을 연마하는 사람이 결국 자신을 책임지는 사람이다. 현실적 무거움과 내면의 나약함에 갇혀 어쩔 수 없다고 포기하는 순간, 더욱 발전할 수 있는 자신에게 도달하는 길이 막혀버린다. 하지만 자신을 책임지는 삶을 위해서는 '역경'을 기회 삼아 자신만의 아름다운 '경력'을 만들 수 있어야 한다. 누구든지 한 가지 비범한 능력 또는 장점은 있게 마련이다. 이것을 발견하고 발전시키는 능력, 그것이 곧 자신을 책임지는 삶이다.

나의 존재 이유는 무엇인가?

니체는 '우리의 존재 이유'에 대하여 "자기 자신에게 도달하기 위해서는 양심과 내면의 목소리에 귀를 기울여야 한다. 너는 네 자신이 되어야 한다."고 밝히고 있다. 자신의 양심이 가라는 길로 주저 없이 걸어가기 위해서는 남다른 용기가 필요하다. 나의 길을 걸어갈 용기가 있는가? 나의 삶을 책임지는 용기, 그것은 나의 고유한 가치를 개발하고 그 가치가 요구하는 길로 과감하게 걸어가는 것이다. 내 안에 꿈틀거리는 욕망과 잠자고 있는 능력을 완전하게 펼쳐나가는 것이다.

또한 니체는 우리들에게 이렇게 속삭인다.

"자기 책임의 위험을 진지하게 받아들일 의지가 있는 사람에게는 시대를 막론하고 긍정적인 미래가 열려 있다."

반대로 자기 자신에게 책임이 없는 사람은 자신의 가능성을 사장시켜버리고, 보석 같은 자신의 능력을 땅속 깊이 묻어버린다. 니체는 그들에게 따끔한 충고를 날린다. "누군가 나서서 회초리로 때려야 한다. 회초리로 때려서 이들의 발에 생기를 불어넣어주어야 한다."

자유(自由)란 자기(自己)의 존재 이유(理由)를 아는 것이다. 그렇기 때문에 자기 존재의 본질과 이유를 아는 사람은 자유롭고 스스로를 책임질 수 있다. 니체의 말처럼 이들은 자기 자신에게 주어진 재능과 잠재력, 미래에 대한 꿈과 비전을 실현시키기 위해 노력을 아끼지 않는다.

하루 중 나를 위한 시간은 얼마인가?

니체는 '하루 중 3분의 2를 자기 자신을 위해 쓰지 않는 자는 노예'라고 규정했다. 이 말은 결국 자신의 가능성을 개발하는 데 노력하지 않고, 주어진 일에 기계적으로 반응하며 사는 것을 뜻한다. 여기서 니체는 권력에의 의지(Wille Zur Macht)를 강조한다.*

권력에의 의지에서 중요한 것은 타인을 억압하고 지배하는 것이 아니다. 나 스스로를 지배하는 능력이다. 따라서 권력에의 의지가 높은 사람은 자신의 삶을 책임지기 위해 스스로를 지배하는 능력을 갖추려고 노력한다. 그렇기 때문에 니체는 '남에게 지시하려면 자기부터 다스려야 한

＊권력에의 의지란 '권력'과 '의지'를 합친 복합개념이 아니다. 그 자체가 하나의 개념으로서 명령할 수 있는 능력이나 역량, 또는 역량을 구체적으로 실현하는 명령을 지칭한다. - 고병권, 《니체의 위험한 책, 차라투스트라는 이렇게 말했다》

다'고 강조하는 것이다. 스스로 자신을 책임질 준비가 되어 있는가? 그런 사람은 삶의 승자가 될 수 있다. 의도는 언제나 의지를 반영한다. 나의 의도와 의지대로 자신의 역량을 최대한 끌어올리고, 그 힘으로 자신을 책임지고 자신에게 명령하며 오직 자신만의 길을 걸어가는 사람들. 니체는 그들을 진정한 자유인이라고 보았다.

"이 세상에는 두 부류의 사람이 있다. 한 부류는 자기 길을 가는 사람이고, 다른 부류는 자기 길을 묵묵히 가는 사람에 대해 말하는 사람이다."

나는 스스로를 책임졌다. 나는 스스로를 다시 건강하게 만들었다. (…) 병약한 사람은 [좀처럼] 건강해질 수 없으며 애써 자신을 건강하게 만들 수도 없다. 전형적으로 건강한 사람만이 병을 풍요로운 삶을 위한 적극적 자극으로 수용할 수 있다. ─《이 사람을 보라》

> "우리는 차가운 오장육부를 가진 객관화나 목록화의 도구가 아니다. 우리는 고통을 통해 끊임없이 자신의 사상을 새롭게 낳아야 하고, 어머니로서 피, 가슴, 불, 기쁨, 정열, 고통, 양심, 운명, 숙명 등 우리가 지닌 모든 것을 그 사상에 물려주어야 한다. 삶이야말로 우리의 모든 것이고, 우리가 빛과 불꽃으로 변화시키는 모든 것이며, 또한 우리가 만나는 모든 것이다."
> ─《즐거운 지식》

04
무조건 순응하지 마라

왜 항상 'Yes!'만을 말하는가

니체의 인간 정신의 3단계 변신설에 대해 살펴보자. 변신설은 맹목적으로 복종하면서 무거운 짐을 짊어지고 걸어가는 낙타, 누구의 명령도 거부하고 자유를 갈망하면서 자신의 욕망에 충실한 사자, 마지막으로 사자처럼 으르렁거리지 않고 세상과 놀면서 즐겁게 살아가는 어린아이의 모습을 말한다.

먼저 낙타를 떠올리면 뜨거운 태양을 온몸으로 받으며 사막 위를 묵묵히 걸어가는 모습이 연상된다. 낙타는 아무리 무거운 짐을 짊어져도 웬만해서 쓰러지는 법이 없다. 놀라울 만한 인내심이다. 하지만 우리가 낙타에게 주목해야 할 게 하나 더 있다. 다름아닌 낙타의 무릎이다. 무거운 짐을 짊어지기 위해 수없이 무릎을 꿇는 동안 낙타의 무릎은 굳은살로 단단해졌다. 그런데도 낙타는 절대로 '아니오'라고 말하지 않는다. 낙타의 무릎에 생긴 굳은살은 무엇을 의미하는가? 그것에는 어쩔 수 없이 고통을 감내한 세월의 흔적이 고스란히 배어 있다. 경이로운 삶의 무대를 등지고 스스로 무미건조한 사막의 세계를 선택한 낙타는 짊어진 짐이 아무리 무거워도 인내심으로 버텨낸다. 자신의 운명을 받아들이고 주인의 명령에 복종하며 수동적으로 살아가는 것이다.

수동적인 삶을 사는 이들은 비단 낙타만이 아니다. 우리 주변에도 낙타처럼 살아가는 사람들은 무수하다. 이들은 자신만의 꿈을 꾸지 않는다. 왜 이 일을 해야 하는지 묻지도 않는다. 날이 밝으면 출근하고 어두우면 집으로 돌아온다. 이 단순한 생활을 반복하면서도 지겨워하거나 불평하지 않는다. 어떤 문제가 있어도 덮어두고 해결되기를 기다린다. 오로지 자신에게 맡겨진 일만 성실하게 해내면 그만이다. 무거운 짐을 고통으로 견뎌내면서 묵묵히 일만 한다. 그들의 무거운 짐이란 낡은 생각과 과거의 성취, 의미 없이 부과된 책임들이다. 낙타에게 짐은 거부할 수 없는 운명이다. 낙타는 그 운명에서 벗어나는 것을 부도덕하다고 생각한다. 더 많은 짐이 실려도 참고 견디며 주인에게 복종할 뿐이다. 그래서 한 번도 '아니오'라고 말하지 않는다. 'Yes!'만 말하는 삶은 고통스럽다.

견디는 것이 미덕은 아니다

지금껏 우리는 인내가 미덕이라고 생각하며 살아왔다. 끝까지 참는 자가 열매를 얻는다면서 말이다. 하지만 반드시 그럴까? 낙타처럼 참으면 정말로 빛나는 미래가 보장될까? 니체는 단호하게 '아니오'라고 말한다. 낙타형 인간이야말로 현대판 노예라고 일갈한다. 스스로 선택권을 갖지 못한 삶은 낙타와 같은 노예와 다르지 않기 때문이다.

〈블랙홀〉이라는 영화를 기억하는가? 이 영화에 등장하는 주인공의 삶을 떠올려보라. 아침에 눈을 뜨면 다시 어제인 끔찍한 생활의 반복. 매일 똑같은 시각에 일어나 똑같은 시각에 밥을 먹고 똑같은 시각에 출근을 한다. 똑같이 반복되는 하루하루 속에서 주인공은 낙타처럼 순응하며 시간의 노예로 살아갈 뿐이다. 낙타는 결코 이런 자신의 운명을 의심하지 않는다. 그러나 의심하고 비판하지 않는 삶은 니체의 말처럼 부패하고 만다(《인간적인 너무나 인간적인》).

"비판이라는 바람이 불어오지 않는 폐쇄적인 곳에는 반드시 부패와 추락이 태어나 거침없이 자란다. 비판은 깊은 의심에서 나온 심술이나 고약한 의견 따위가 아니다. 비판은 바람이다. 이마를 시원하게 식히기도, 눅눅한 곳을 건조시키기도 하여 나쁜 균의 번식을 억제하는 역할을 한다."

부패의 시간은 개인뿐만 아니라 조직과 그룹에서도 일어난다. 끊임없이 의심하고 비판하지 않으면 순식간에 곰팡이가 번식한다. 어떻게 이런 끔찍한 상황에서 벗어날 수 있을까? 이럴 때 니체는 "하루하루 자신과 전투를 벌여야 한다."고 말한다.

끊임없이 나를 극복하라

니체는 우리에게 주체적인 삶을 살아가라고 주문한다. 비록 현재의 삶에 한계를 느끼더라도 끝까지 스스로 만들어가는 삶을 포기하지 말라고 주문한다. 스스로 주체적 의지로 살아가려는 사람은 동정과 연민을 부끄럽게 여긴다. 비록 버겁고 힘들어도 끝까지 자신의 힘으로 삶과 대결한다. 그런데도 많은 사람들은 스스럼없이 남에게 의존하며 낙타처럼 수동적으로 사는 데 익숙하다. 이런 수동적인 상태에서 벗어나 '진정한 자유를 회복하고, 자신의 의지대로 살아가는 인간'을 니체는 '위버멘쉬(Übermensch)'라고 부른다. 위버멘쉬가 되어 주어진 환경과 운명에 굴복하지 않고, 자기 자신의 한계를 뛰어넘는 사람만이 성장할 수 있다. 모든 일을 수동적으로 받아들이는 사람은 성장의 환희를 맛볼 수 없다. 이제 니체의 말처럼 위버멘쉬로 살아가도록 하자.

공손하고 강인한 정신에는 무거운 짐이 많이 주어진다. 그의 강함은 무거운, 가장 무거운 짐을 요구한다. '무엇이 무거운가?' 하고 인내하는 정신은 묻는다. 그러고는 마치 낙타처럼 무릎을 굽히고 짐을 잔뜩 싣기를 원한다. ─《차라투스트라는 이렇게 말했다》

> "자신의 의견을 가지기 위해서는 스스로 자신의 생각을 깊이 파고들어 언어화해야 한다. 그것은 물고기 화석을 사는 것보다 나은 일이다. 자신의 의견을 가지는 것이 성가시다고 생각하는 사람들은 돈을 지불하고 상자에 든 화석을 산다. 이 화석은 곧 타인의 낡은 의견이다. 그리고 그들은 돈을 주고 산 의견을 자신의 신념으로 삼는다. 그런 그들의 의견은 살아 있음의 생기가 전혀 느껴지지 않고, 언제까지나 항상 그 상태로 정체해 있다."
>
> ─《인간적인 너무나 인간적인》

05
단호하게 '아니오'라고 말하라

'아니오'라고 말할 수 있는가?

드넓은 초원에 한 마리 사자가 앉아 있다. 풍성한 갈기를 늘어뜨린 그 늠름한 모습이란! 가끔 그 큰 입으로 으르렁대기라도 할라치면, 주변의 동물들이 벌벌 떨며 줄행랑을 친다. 게으른 듯 오만한 듯 세상을 바라보는 사자. 사자는 자신이 원하지 않는 것에는 일말의 관심조차 없다. 사자는 낙타와는 사뭇 다른 삶을 산다. 사자는 맹목적으로 주인에게 봉사하는 낙타와 다르게 누구의 명령도 듣지 않고 오직 자신의 욕망을 충실히 따른다. 사자는 모든 걸 부정한다. 그리고 이렇게 외친다.

"나를 내버려두라. 나는 누구의 명령도 받고 싶지 않다. 나는 자유를 원한다."

사자는 낙타처럼 자신의 등에 지워지는 짐을 수동적으로 받아들이지 않는다. 대신에 어떤 짐을 질 것인지, 안 질 것인지를 스스로 결정한다. 사자는 낙타의 삶을 부정한다. 누군가의 짐을 대신 짊어지고 메마르고 거친 사막을 걸어가는 일은 사자에게 결코 용납할 수 없는 삶이다. 대신에 사자는 자유를 찾아서 스스로 삶의 주인이 되고자 한다. 초원이라는 삶의 무대를 사자는 자신의 왕국으로 만들려는 열망으로 가득하다. 그래서 사자는 마땅히 해야 하는 의무와 일방적인 명령에도 당당하고 자신 있게 '아니오!'라고 외친다.

나는 진정 무엇을 원하는가?

사자의 이 뜨거운 자유정신! 그런데 한 가지 조심해야 한다. 사자는 자유를 원하지만 그 용맹무도함이 사자 자신의 발광(發狂)으로 그칠 수도 있다. 세상의 주인이 되고 싶다고 말하지만 그저 항변에 그칠 뿐이다. 사자는 자유를 쟁취하지만, 그 자유를 어떻게 사용할지는 몰랐던 것이다. 다시 말해 스스로 무엇을 위해서, 왜 존재하는지를 진지하게 묻지 않았다는 이야기다.

사자는 자신의 욕망의 근원이 무엇이며, 그 욕망이 어디를 향하고 있는지를 이해하지 못한 것이다. 억압과 구속에서 벗어나 자유를 쟁취하지만, 구체적으로 어떤 자유인지는 생각하지 못한다. 그저 누구의 간섭도 받지 않고 자기 마음대로 살고 싶은 생각뿐이다. 자신이 싫어하는 것만을 정확히 알고 있을 뿐, 진정 원하는 것이 무엇인지 고민하지 않은 것이다. 사자는 불만과 불평으로 가득해서 특유의 사나운 기질을 드러낸다.

세상은 강한 자가 지배한다고 생각하는 것이다. 그러나 세상은 강한 자가 아닌 부드러운 자가 지배한다. 세찬 바람이 불수록 더 단단히 옷깃을 여미는 것처럼, 일방적인 외침은 그 누구의 공감도 얻지 못한다. 자기 욕망을 포기한 낙타와 달리 사자는 자신의 욕망을 표출했지만, 자신을 인정해주는 사람은 아무도 없었다. 이제 사자는 어린아이로 변신을 준비해야 한다.

어린아이처럼 신나하라

자신의 욕망을 포기한 낙타, 그리고 욕망을 표출한 사자마저도 자신의 욕망을 실현할 수는 없었다. 사자는 자신의 욕망에 충실하고자 했으나, 그 욕망을 통해서 자기 존재를 증명해 보이지는 못했다. 사자의 자유는 있었으나, 사자의 존재이유는 몰랐던 것이다. 고민에 빠진 사자는 변신이 필요했다. 그것은 어린아이의 모습이다. 그런데 어린아이는 낙타, 사자와 무엇이 다를까? 니체는 이렇게 말한다.

"어린아이는 천진난만이요, 망각이며, 새로운 시작, 놀이, 스스로의 힘으로 굴러가는 수레바퀴이고, 최초의 운동이자 신성한 긍정이다."

으르렁대던 사자와는 달리 어린아이는 모든 것에 웃음으로 화답한다. 사자에게는 '힘든 전투'이지만 어린아이에게는 '재미있는 놀이'다. 그래서 어린아이는 언제나 즐겁고 신난다. 성낼 줄만 아는 사자는 욕망을 실현하지 못하지만, 어린아이는 웃으면서 자신의 욕망을 표출하고, 실현한다. 이렇듯 어린아이처럼 변신하기, 그것은 어떻게 가능한가? 니체는 '임신'을 통해 그런 결과가 나온다고 말한다.*

유라투스트라는 이렇게 말한다

새로운 나를 창조하는 행위, 그것이 바로 니체가 말하는 어린아이를 낳는 행위다. 즉 자기를 부정하고, 자기를 극복하는 과정을 반복하면서 과거의 나를 버리고 새로운 나로 태어나는 것이다. 이것이 바로 내 안의 어린아이를 출산하는 것이다. 마지막으로 니체는 우리에게 묻는다.

"지금의 나는 무엇인가? 낙타인가, 사자인가? 아니면 어린아이인가?"

새로운 가치의 창조, 사자라도 아직은 그것을 해내지 못한다. 그러나 새로운 창조를 위한 자유의 쟁취, 적어도 그것을 사자의 힘은 해낸다. 형제들이여, 자유를 얻으려면, 그리고 의무에 대해서도 '아니오'를 말할 수 있으려면 우선 사자가 되어야 한다.

—《차라투스트라는 이렇게 말했다》

＊어린아이를 낳고 싶으면 먼저 자신을 사랑해야 한다. 나를 사랑하지 않고서는, 그리고 내 자신의 삶을 사랑하지 않고서는 어린아이는 임신도 안 되고 출산도 안 된다는 것이다. 여기서 자신을 사랑하라는 말은 기존의 나를 죽이고, 새로운 나를 탄생시키라는 자기 극복의 가르침이다. - 고병권,《니체의 위험한 책, 차라투스트라는 이렇게 말했다》

> "나는 하늘을 날아갈 준비를 하고 초조하게 기다리고 있다. 나의 천성이 이러한데 어찌 그것이 새의 천성이 아니겠는가. 무엇보다도 나는 중력의 악령에 적의를 품고 있는데, 그것이야말로 새의 천성이렷다. 진정, 불구대천의 적의와 최대의 적의, 그리고 **뿌리 깊은 적의를!** 나의 적의가 일찍이 날아보지 않은 곳이 어디 있으며, 길을 잃고 헤매보지 않은 곳이 어디 있던가!"
> ―《차라투스트라는 이렇게 말했다》

06
새처럼 가볍게 날아라

왜 나의 삶은 무거운가?

인간에게는 저마다의 삶의 무게가 있다. 그런데 유독 나의 짐만 더 무겁게 느껴지는 건 왜일까? 그 짐이 너무 버거울 때 우리는 '등이 휠 것 같은 삶의 무게'라는 표현을 종종 쓴다. 우리를 한없이 절망의 나락으로 떨어뜨리는 이 무거운 짐을 니체는 '중력의 악령'이라고 말한다. 중력의 악령은 우리로 하여금 삶의 무게에 짓눌려 날지 못하도록 방해한다. 우리의 몸과 마음을 무쇠처럼 무겁게 만들어 자꾸 쓰러지게 한다. 중력의 악령이 노리는 것이 바로 그것이다.

그렇다면 나의 삶은 얼마나 무거운가? 그 무거운 짐의 실체는 무엇인가? 우리는 스스로 문제를 제기하거나 비판적으로 성찰하는 것에 익숙하지 않다. 원래 그런 것이고, 당연히 그렇다는 '낡은 생각'에 순응하며 살아간다. 낙타처럼 세상이 시키는 일에 저항 없이 살아가려니 그 짐이 늘 무겁게만 느껴지는 것이다. 그러다 가끔씩 그 낡은 생각에 짓눌려서 자신의 발걸음을 천근만근 무겁게 만들어버린다. 그런데 한번 생각해보라. 스스로 즐겁기보다 남에게 보이기 위한 삶은 아닌가, 내 생각보다 남의 생각에 맞춰서 살고 있는 것은 아닌가. 만약 그렇다면, 그렇기 때문에 삶이 무거운 것이다.

삶을 무겁게 하는 것들

이처럼 '중력의 악령'은 날개를 펼쳐 날아오르려고 하면 할수록 더욱 더 나를 주저앉히고 만다. 이럴 때 어떻게 해야 할까? 니체의 해법은 간단하다.

"새처럼 가벼워져라."

거추장스러운 내 안의 무거운 짐을 벗어던지고 자유로워지는 것이다. 그래야 멀리, 높이, 오래 비상할 수 있다. 스스로에게 물어보라. 나의 의지를 막고, 나의 의욕을 꺾어버리고, 나를 피로하게 만드는 것은 무엇인가? 내 욕망의 물길을 가로막는 장애물은 무엇인가? 날아오르려는 나의 분투를 가로막는 것은 무엇인가? 보이지도 않고 만질 수도 없는 중력의 악령 때문에 우리의 삶은 무거운 짐이 되고 만다. 그렇더라도 우리는 그 중력의 악령을 찾아내어 반드시 소멸시켜야 한다. 그리고 그곳으로부터 벗어나 자유로운 나의 영혼과 의지로 세상을 향해 높이 날아가는 것이다.

몸을 가볍게 하라

누구나 비상을 꿈꾼다. 더 높은 곳으로 훨훨 자유롭게 날아오르고자 한다. 그런데 날아오르기 위해서는 우선 몸을 가볍게 해야 한다. 니체는 "언젠가 나는 법을 배우고자 하는 자는 먼저 서는 법, 걷는 법, 달리는 법, 기어오르는 법, 춤추는 법부터 배워야 한다. 처음부터 날 수는 없는 일이다!"라고 말한다.

한겨울 함박눈이 내리면 침엽수 위에는 눈이 소복소복 쌓이다 그 무게를 견디지 못해 나뭇가지가 부러지기도 한다. 그러나 제 몸의 모든 잎을 다 버리고 나목(裸木)으로 겨울을 맞이하는 활엽수는 눈이 쌓여도 쉽게 부러지지 않는다. 나뭇가지에 쌓인 눈들이 아래로 조용히 미끄러지기 때문이다. 니체는 또 이렇게 말한다.

"우리가 무엇인가를 시작할 기회는 늘 지금 이 순간밖에 없다. 그리고 이 한정된 시간 속에서 무언가를 하는 이상, 불필요한 것들을 말끔히 털어버리지 않으면 안 된다."

우리의 몸과 마음이 더 비워지고, 그래서 삶의 무게가 더 가벼워질 때, 목표를 향한 우리의 여행도 더 큰 환희로 가득할 것이다.

날지 못하는 사람은 대지와 삶이 무겁다고 말한다. 중력의 악령이 바라고 있는 것이 그것이다! 그러나 가벼워지기를 바라고 새가 되기를 바라는 자는 먼저 자기 자신을 사랑할 줄 알아야 한다. ─《차라투스트라는 이렇게 말했다》

> "내게 있어서 너 신성한 우연이란 것을 위한 무도장이며 신성한 주사위와 주사위 놀이를 즐기는 자를 위한 신의 탁자라는 것이다!"
>
> —《차라투스트라는 이렇게 말했다》

07
떠도는 우연을 낚아채라

우연은 창조적인 힘이다

니체도 우발적 가능성을 예찬한다. 우연은 계획 속에 존재하지 않는다. 계획하지 않은 과정에서 발견되는 것이 우연이다. 인생은 우연한 마주침의 연속, 그 마주침으로 꿈에도 생각하지 못한 꿈같은 세계가 열린다. 우리는 목적의식 없이 사는 사람들을 두고 흔히 '한심하다'는 말을 떠올린다. 분명한 목적이 있어야 방향을 잃지 않는다고 믿기 때문이다. 한편으로는 옳은 말이지만, 모든 것을 목적만으로 바라보면 그 순간부터 목적 외의 다른 가능성들이 원천적으로 막혀버린다. 뚜렷한 목적의식만을 부여하면, 목적 이외의 다른 의미는 찾을 수 없다. 한 가지 목적은 그 안에 담긴 다양한 가능성까지 송두리째 차단한다. 그래서 니체는 "우주에는 목적이 없다는 것! 그러니 모든 사물들을 목적으로 묶으려 해서는 안 된다."고 말한다. 창조적인 삶은 목적이 아닌 우연을 향해 떠나는 여행이다. 삶은 빛나는 우연에 의해 지배당한다. 그러니 우연의 물결을 타고 신나게 즐기면 된다. 그런데도 왜 우리는 무엇이든 명확하고 정확한 것을 추구하는 걸까? 니체는 이렇게 말한다.

"저들은 아직도 나의 재난과 우연을 가엾게 여긴다. 그러나 나는 말한다. 우연으로 하여금 내게 다가오도록 내버려두어라. 우연은 어린아이와 같아서 천진난만하다."

니체처럼 우연과 함께 춤을 추다보면 어느 순간 우연히 영감이 찾아온다. 그 순간의 영감을 믿고 행동하라. 그리고 그 길로 뛰어들어라. 그 길에 상상을 넘어서는 향연이 펼쳐져 있을 것이다.

우연의 힘을 발견하라

모든 것을 흑과 백으로 명확하게 구분할 수 있을까? 흔히들 '이것인가, 아니면 저것인가?' 하며 명확한 질문과 답을 원한다. 그러나 인생은 단순한 이분법의 세계가 아니다. 그보다는 흑과 백 사이의 수많은 회색지대(Gray zone)로 이뤄진 것이 인생이다. 그리고 이 회색지대 안에 수많은 '우연'이라는 가능성이 숨어 있다. 이런 우발적인 가능성이 창발성(Emergence)의 원천이다. 창발성이란 우연히 일어나는 창조적 가능성을 의미한다. 사물과 사물 사이, 사람과 사람 사이, 사람과 사물 사이의 우연한 만남이 놀라운 상호작용을 일으키기도 한다. 그 결과 예기치 않은 창조의 시너지가 일어난다. 유명한 과학적 발견들도 우연 속에서 시작된

경우가 많다. 무수한 실패를 거듭했으나, 그 실패의 뒤안길에서 뜻하지 않은 위대한 결과가 만들어지곤 했다. 우연의 힘으로 말이다. 인생도 우연의 힘에 의해 종종 변한다. 살아가면서 우리는 종종 생각지도 않은 길로 빠져들 때가 있다. 간혹 우리가 매우 어려운 상황이나 장벽을 마주하면 당황할 수밖에 없다. 이럴 때 보통 직선으로 뻗은 길을 내달리듯 자신의 의지를 불태운다. 그러나 안타깝게도 헛수고에 지나지 않을 때가 있다. 이처럼 예상치 못한 상황에는 예상치 않은 방법으로 풀어야 한다. 가령 숨을 고르고 곡선도로를 찾아 우회하는 것이다. 직선이 아닌 곡선의 길…. '독창성이란 모든 사람의 눈앞에 아른거리면서도 아직 이름이 없는 것, 아직 명명될 수 없었던 그 무엇인가를 보는 것'이라는 니체의 말을 기억하자.

우연의 축제를 즐겨라

니체의 말처럼 모든 것은 '뜻밖'일 때 비로소 '뜻'이 살아서 움직인다.

"모든 사물 위에 우연이라는 하늘, 천진난만한 하늘, 우발성의 하늘, 자유분방한 하늘이 펼쳐져 있다. 내가 이렇게 말할 때 그것은 축복이지 모독이 아니다."

모든 것을 '뜻 안'에 가둬두고 완벽한 계획으로 조정한다면 경이로운 우연의 가능성을 만날 수 없다. '뜻밖'의 일이 일어나야 '뜻'이 또 다른 모습으로 변한다. "전략적으로 사물을 보지 마라. 우연을 느낄 수 있도록 사물을 보라."는 니체의 말처럼, 주도면밀하게 관찰하면 빛나는 우연을 결코 만나지 못한다. 목적의식을 갖고 바라보면 목적의식의 망을 통해 걸러지는 것들만 보인다. 그 외의 것은 모두 목적의식 밖으로 빠져나가고 만다. 그러나 인생은 수많은 우연의 합작품이다.

나는 아직도 우연이란 것 모두를 내 냄비 속에 넣고 끓인다. 그것이 제대로 익은 후에야 나는 그것을 내 먹을거리로 반긴다. 실제로 많은 우연이 당당하게 나를 찾아왔었다.
— 《차라투스트라는 이렇게 말했다》

유라투스트라는 이렇게 말한다

> "저들 온갖 신앙의 신도들을 보라! 저들은 누구를 가장 미워하지? 저들이 떠받들어온 가치를 파괴하는 사람, 바로 파괴자, 범죄자가 아닌가. 그러나 이같은 사람이야말로 창조하는 자인 것을…."
> — 《차라투스트라는 이렇게 말했다》

08
별을 보면서 혼돈을 즐겨라

혼돈의 바다를 즐겨라

인생은 계획대로 척척 이루어지지 않으므로 계획은 언제든 수정될 수 있어야 한다. 더불어 그 과정 속에서 찾아오는 혼돈을 즐길 수 있어야 한다. 인간은 불확실한 것을 불안해한다. 그래서 서둘러 구체적인 계획을 준비한다. 하지만 불확실함이 꼭 나쁜 것일까? 니체는 이렇게 말한다.

"수많은 별들을 잉태하려면 먼저 자기 안에 카오스를 지녀야 한다."

불확실함은 새로운 희망의 잉태이기도 하다. 그것은 새로운 도전을 불러오기 때문이다. 미래가 불확실해야 기존과 다른 방법으로 노력한다. 오늘은 어제의 연장선이고, 내일이 오늘의 복사판이라면 가슴은 뛰지 않는다. 오늘은 어제와 다르다는 믿음, 내일은 오늘보다 더 놀라우리라는 기대가 있을 때, 우리의 가슴은 벅차오른다. 그래서 불확실이 새로운 가능성을 낳는 것이다. 인생은 한치 앞도 예측할 수 없다. 나의 인생이 언제 어떻게 펼쳐질지는 누구도 알 수 없다. 그런데 참으로 다행스러운 것은 그 혼돈의 세계에도 엄연한 질서가 존재한다는 사실이다. 검은 먹구름이 물러간 후 밝은 햇살이 나타나듯 혼돈에 혼돈을 거듭하는 가운데 마침내 질서가 탄생한다.

한편, 혼돈 이론에 따르면 혼돈의 가장자리(Edge of Chaos)라는 말이 있다. 한마디로 이전의 상태와 근본적으로 다른 상태로 전환되는 일종의 '상전이 현상'을 의미한다. 상전이 현상이란 물질의 상태가 전혀 별개의 것으로 불연속적 변화를 일으키는 중간 상태다. 다시 말해 무질서에서 질서로 넘어가는 길목에서 새로운 질서가 형성되는 자리라고 할 수 있다. 예컨대 우리는 딜레마적 문제 상황으로 고민에 고민을 거듭하면서 심각한 혼돈의 경험을 하기도 한다. 이 혼돈의 가운데 불현듯 문제 해결의 실마리를 찾을 때도 있다. 그 실마리를 통해서 다음 단계로 도약하는 과도기적 상태를 상전이 현상이라고 한다. 이처럼 혼돈은 무조건 통제할 것이 아니라 함께 즐기고 놀아야 하는 대상으로 여겨야 한다.

이성보다 직관에 집중하라

인간에게는 두 가지 모습이 있다. 냉철한 이성과 엄격한 형식을 중시하는 '아폴론적 인간', 창조적 충동과 직관적 판단을 강조하는 '디오니소스적 인간'이다. 디오니소스는 술의 신이자 죽음에서 부활한 구원의 신, 도취와 쾌락의 신, 그리고 모든 속박으로부터 벗어난 해방의 신이다. 이성보다 감성을, 객관적 분석보다 주관적 통찰을, 안정보다 변화를, 질서보다 혼돈을 더 중요시한다. 변화와 혁신의 시대를 살아가는 우리들에게 어떤 인간형이 필요할까? 당연히 디오니소스적 능력이다. 혼돈의 소용돌이 속에서 더 큰 직관적 통찰력이 생겨나기 때문이다.

니체 역시 디오니소스적 인간형을 강조한다. 그는 인생의 나침반으로서 직관에 큰 가치를 둔다. 성공적 인생을 위해서는 직관을 믿고 따르라고 말한다. 인생은 명료하게 질서를 부여할 수 없을 만큼 복잡하므로 순수 논리에만 의지하는 것은 잘못이라는 말이다. 따라서 중대한 결정을 내릴 때, 이성만이 아닌 직관도 반드시 함께 사용해야 한다.

혼돈 속에서 창조하라

니체는 그 자신이 곧 철학이다. 니체 철학은 그의 삶과 일치한다. 그는 운명을 탓하지 않고 운명까지 사랑하면서 인생의 매순간을 긍정의 눈으로 바라본다. 이런 의미에서 니체야말로 디오니소스적 긍정의 눈으로 세상을 바라본 철학자다. 디오니소스적 긍정이란 직면하는 모든 순간을 긍정의 대상으로 바라보는 인생의 자세다. 니체의 짤막한 문장 중 "있는 것은 아무것도 버릴 것이 없으며, 없어도 좋은 것이란 없다."라는 말이 디오니소스적 긍정의 의미를 잘 말해준다. 생명은 순간순간 새로운 창조와 파괴가 반복되는 과정을 거친다. 파괴 후에 창조가 일어나고 소멸을 통해 생성이 만들어진다. 이 과정에서 고통이 환희로, 혼돈이 질서로 변한다. 무엇이든 창조하기 위해서는 극심한 혼돈 속에서 기존의 나를 파괴하는 고통을 겪어내야 한다. 스스로를 극한의 상황에 몰아넣고 극도의 고통 속에서 절정의 순간을 맞이할 때 위대한 창조가 시작된다. 어찌할 수 없는 고통이 환희의 순간으로 바뀌는 것이다. 살아 있는 인간은 모두 고통 받는 존재이며, 고통을 통해 창조적 희열을 느낄 수 있다. 결국 삶은 고통과 희열의 변주곡이라고 할 수 있다. 정호승 시인은 '견딤'이 '쓰임'을 결정한다고 말하지 않았던가! 견딤의 크기가 쓰임의 크기를 결정하고, 견딤의 길이가 쓰임의 길이를 결정한다. 세상에 드러난 위대한 성취는 모두 견딤의 시간을 통해 축적한 내공이 폭발한 성과다. 니체는 이렇게 말한다.

"나, 나의 목표를 향해 나의 길을 가련다. 머뭇거리는 자와 미적미적 거리고 있는 자들을 뛰어넘어 가리라. 내 가는 길이 그들에게는 몰락의 길이 되기를…."

어둠의 끝에서 새벽이 다가오듯 혼돈의 가장자리에서 새로운 질서가 출현한다. 즉 창조의 열매를 수확하려면 칠흑 같은 어둠 속에서 희망의 불씨를 살리라는 의미다. 불씨가 있어야 불길이 일어나고, 불길이 일어야 불꽃이 피어난다. 불꽃은 불길이 거세질수록 더욱 활활 타오른다. 아무것도 보이지 않는다고 주저앉지 마라. 새벽을 맞이하려면 어두운 밤에 출발해야 하는 것이 당연하다.

춤추는 별을 탄생시키기 위해 사람은 자신들 속에 혼돈을 지니고 있어야 한다.
—《차라투스트라는 이렇게 말했다》

"사실 사람은 대상물에서 무언가를 이끌어내는 것이 아니라, 그 대상물에 의해 촉발된 자신 안의 무언가를 스스로 찾아내고 이끌어내는 것이다. 결국 풍요로운 대상물을 찾을 것이 아니라 자신을 풍요롭게 만들어야 한다. 그것만이 자신의 능력을 높이는 최고의 방법이요, 인생을 풍요하게 살아가는 방법이다."

— 《즐거운 지식》

09
지금보다 더 뜨거워져라

그 누구도 아닌 나를 의지하라

니체의 명저 《차라투스트라는 이렇게 말했다》는 차라투스트라가 10년의 내공을 쌓은 후 그 깨달음을 세상 사람들에게 전해주면서 벌어지는 다양한 이야기를 담고 있다. 그는 오랫동안 산속에서 고독한 수행생활을 하며 그만의 특별한 지혜를 쌓았다. 오랜 수행생활 후 그가 깨달은 메시지가 '신은 죽었다!'이다. 이 파격적인 메시지는 당대 사람들에게 충격과 전율을 안겨주었다. 여기서 니체가 말하는 '신'이란 나약한 인간이 맹목적인 믿음의 대상으로서 만들어낸 허상의 존재다. 그는 나약한 인간을 거부했다. 신앙할 무엇이 있어야만 안심하는 인간, 그렇지 않으면 불안한 생을 하루도 살아갈 수 없는 그 한계적인 모습에서 벗어나고자 한 것이다. 따라서 그가 말하는 신의 죽음이란 곧 우상숭배의 죽음을 뜻한다. 그리고 우상이 사라진 인간들에게 니체는 스스로를 의지하는 존재로 변신하라고 말한다. '더 강한 나'로 거듭나라는 것이다.

"나 너희에게 위버멘쉬를 가르치노라. 사람은 극복되어야 할 그 무엇이다. 너희는 사람을 극복하기 위해 무엇을 했는가?"

이런 배경에서 신을 의지하지 않는 새로운 자립형 인간 위버멘쉬가 탄생한다. 니체는 묻는다. 위버멘쉬는 스스로에게 의지하는 존재다. 나약한 나를 극복하고, 그 누구도 의지하지 않는 최상의 나의 모습이 되는 것이다. 현대를 살아가는 우리에게 위버멘쉬는 어떤 의미인가? 그것은 자신의 한계를 넘어 새로운 나를 찾아 끊임없이 변신하는 삶을 의미한다. 이것이 니체가 추구하는 건강한 인간상의 표본이다.

나의 번갯불은 어디에 있는가?

스스로를 극복하고자 하는 인간, 즉 위버멘쉬로 도약하려면 무엇이 필요한가? 열정이다. 니체는 이렇게 말한다.

"보라, 나 너희들에게 위버멘쉬를 가르치노라. 그가 바로 번갯불이요, 광기다!"

내 가슴이 뜨겁지 않으면 어찌 불타는 세상 속에서 놀아볼 수 있겠는가. 열정은 심장에서 나온다. 그리고 심장(Heart)은 '그분(He)이 주신 예술품(Art)'이다. 우리는 저마다의 예술품을 갖고 세상에 태어난다. 하지만

유라투스트라는 이렇게 말한다

누군가의 심장은 아름답게 빛나고 역동적으로 뛰는가 하면, 또 다른 누군가의 심장은 계속 작아져서 이제 뛰지도 않는 골동품으로 전락하고 만다. 심장은 뜨겁게 역동적으로 뛰라고 존재한다. 뛰지 않는 심장은 죽은 것이다. 그러니 나의 심장이 다시 뛰도록 더 뜨거워져야 한다. 열정의 힘으로 말이다. 현실에 안주해 그럭저럭 먹고사는 삶에 만족하는 사람은 니체가 말하는 위버멘쉬가 될 수 없다.

니체는 자유로운 영혼과 뜨거운 심장을 가진 사람을 사랑한다. 그들이 바로 안락한 삶에서 벗어나 자신을 발전적 몰락의 길로 이끈다고 말한다. 발전적 몰락이란 위버멘쉬로 태어나기 위한 창조적 몰락이다. 니체는 '너희들을 혀로 핥을 번갯불은 어디에 있는가?'라고 묻는다. 위버멘쉬는 평온한 삶에 내리치는 번갯불이다. 꺼져가는 불씨를 되살리는 풀무 같은 열정이다. 불꽃을 피우기 위해서는 '불길'이 일어야 한다. 그리고 '불길'이 일어나려면 '불씨'가 있어야 한다. 니체는 우리에게 '네 안에는 불씨가 있는가?'라고 묻는다.

세상의 모든 운명아, 모두 비켜라!

삶의 여정을 걷다보면 때로는 가파른 언덕을 만나기도 하고, 복잡한 가시덤불 속에서 길을 잃기도 하며, 절망의 늪에 빠져 허우적거리기도 한다. 어떤 삶이든 평탄한 길만 계속되는 경우는 없다. 장거리를 항해하는 배일수록 풍파를 만나지 않고 목적지에 도착하기가 어렵다. 풍파는 도전과 변화를 두려워하지 않고 열정의 불꽃을 피우는 사람들에게는 평생의 동반자다. 등산의 기쁨은 정상에 올랐을 때 가장 크고 벅차다. 그러나 더 큰 기쁨은 험난한 산을 기어오르는 고된 과정 속에서 나온다. 니체는 이렇게 말한다.

"풍파 없는 항해, 얼마나 단조로운가! 고난이 심할수록 내 가슴은 뛴다."

인생에서 모든 고난이 사라진다고 생각해보라. 삶이 얼마나 건조하고 지루하겠는가. 그런데도 무사태평한 삶을 원하는 사람들에게 니체는 이렇게 외친다.

"세상의 모든 운명아! 비켜라. 용기 있게 내가 간다."

너희들을 혀로 핥을 번갯불은 어디에 있는가? 너희들에게 접종했어야 할 광기는 어디에 있는가? 보라, 나 너희들에게 위버멘쉬를 가르치노라. 그가 바로 번갯불이요 광기다!

─《차라투스트라는 이렇게 말했다》

"나는 지금 나의 가장 높은 산과 가장 긴 방랑을 눈앞에 두고 있다. 그리하여 나는 우선 내가 일찍이 내려갔던 것보다 더 깊이 내려가야 한다."

—《차라투스트라는 이렇게 말했다》

10
오르려면 내려가라

내려가는 연습이 필요하다

성공한 사람들은 올라가기 위한 노력뿐만 아니라 내려가는 연습에도 소홀하지 않다. 내려가야 더 높이 올라간다는 것을 체험으로 알기 때문이다. 바닥을 쳐봐야 다시 위를 향해 오를 수 있다. 그래서 내려감이 올라감이다. 아무리 이륙을 잘했어도 착륙에 실패한다면 그것은 완벽하게 실패한 비행이 된다. 산악인이 정상에 깃발을 꽂았다고 해서 등반에 성공한 것은 아니다. 안전하게 하산하는 것 또한 등반의 과정이기 때문이다. 위대한 성공은 끝까지 잘 내려왔을 때 완성된다. 그래서 올라가는 연습처럼 내려가는 연습도 중요하다.

그런데도 우리는 내려오는 것, 실패를 두려워만 한다. 하지만 정작 두려워해야 할 대상은 실패가 아니라 실패를 두려워하는 마음이다. 이 두려운 마음에서 벗어나면 또 다른 가치를 발견할 수 있다. 내려가는 과정을 통해서 지금의 위치를 점검하고 새로운 도약을 꿈꿀 수 있기 때문이다. 스스로를 낮추면 스스로를 높일 수 있다. '위로, 밖으로' 향하고 싶은 욕망이 강할수록 '아래로, 안으로' 파고들어가는 노력을 멈추지 말아야 한다. 아래로 숙여야 더 높이 치켜세울 수 있다. 아래로 파고드는 깊이에 따라 위로 치솟는 성장 에너지가 결정된다. 파고들지 않고 치켜세우려고만 하면 쉽게 무너지고 만다.

기초는 본질이며, 본질은 흔들리지 않는다. 흔들리지 않으려면 파고들어야 한다. 확고부동한 신념은 그 파고들어간 깊이에서 나온다. 그 깊이의 내공이 옆으로 뻗을 수 있는 넓이를 결정하고, 위로도 올라갈 수 있는 높이를 결정한다. 그러니 성장을 꿈꾼다면 깊어져라! 내면적 성숙이 성장의 양과 질을 결정한다.

성공과 실패, 모두 경험하라

높은 곳에서 내려다본 황홀한 경험과 낮은 곳에서 올려다본 간절한 마음이 모두 우리 인생의 자양분으로 쌓인다. 이제 우리에게 니체는 이렇게 말한다.

"인간이 지닌 가치와 가치 감각의 모든 영역을 꿰뚫어보기 위해, 그리고 여러 관점과 판단을 가지고서 높은 곳에서 사방을 보고, 낮은 곳에서 모든 봉우리를 보자."

높음과 낮음은 모두 인생의 높낮이를 이루는 한몸이다.

"한구석에서 천하를 조망할 수 있는 능력을 갖추기 위해 스스로 비판자나 회의주의자, 독단론자, 역사가, 시인, 수집가, 여행자, 수수께끼 해독자, 도덕주의자, 예언자, 자유주의자 등 거의 모든 유형의 인간이 되어보아야 한다."

니체의 말처럼 정상에서 느낀 환희와 바닥에서 느낀 고통, 그 모든 경험이 결국 나를 단단하게 만드는 힘이다. 차라투스트라는 동굴의 높이만큼이나 깊은 곳을 향해서도 두려움 없이 여행을 떠난다. 이 세상을 잘 이해하기 위해서 '모든 별들까지도 내려다볼 수 있는 높이'뿐만 아니라 더없이 깊은 바다 속도 알아야 한다.

차라투스트라는 마침내 깨닫는다. 바로 높디높은 산들이 바다에서 솟아올랐다는 것을. 그리고 더없이 깊은 심연에서 더없이 높은 것이 그 높이까지 올라왔음을. 가장 높은 산은 가장 낮은 바다의 심연에서 솟아오른다. 그래서 니체의 말처럼 '정상과 심연은 하나'일 수밖에 없다. 우리는 저마다 보다 높은 삶을 꿈꾼다. 그러려면 이것 또한 기억하라. 오르기 위해서는 그만큼 내려가는 것도 중요하다는 것을….

삶의 높이와 깊이를 다양하게 체험할수록 우리의 삶은 단단해진다. 성공과 실패는 모두 하나의 뿌리에서 생동한다. 성공은 높은 곳으로의 여행이며, 실패는 낮은 곳으로의 여행이다. 삶은 여행처럼 늘 움직이고, 그 움직임 속에서 우리의 삶은 더욱 풍성해진다. 높이 성장하기 위해서 더 깊이 파고들어야 한다. 성장할 수 있는 '높이'는 아래로 뻗은 뿌리의 '깊이'가 좌우한다. 아래로 파고드는 '깊이' 없이 성급히 위로 성장하려고만 한다면 그만큼 무너지기도 쉽다. 성장한 '높이'를 지탱할 수 있는 '깊이'가 없기 때문이다.

잡초의 생명력은 위로 자란 줄기의 '높이'보다 비바람에도 뽑히지 않는 뿌리의 '깊이'로 결정된다. 따라서 아래로 '깊이' 뿌리내려야 결국 위로도 '높이' 자랄 수 있다.

이 높디높은 산들은 어디서 온 것일까? 나는 그들이 바다에서 솟아올랐다는 것을 알게 되었다. 더없이 깊은 심연에서 더없이 높은 것이 그 높이까지 올라왔음에 틀림없다.

— 《차라투스트라는 이렇게 말했다》

"명성을 추구하는 사람은 언제 그 명성과 작별해야 하는지 그 시간을 놓치지 말아야 한다. 그리고 제때 떠날 수 있기 위한 어려운 수련을 쌓아야 한다. 가장 맛이 들었을 때에도 나에게 계속 맛을 보이는 일이 없도록 해야 한다. 오랫동안 사랑받기를 원하는 사람들은 이것을 알고 있다."

― 《차라투스트라는 이렇게 말했다》

11
알맞은 시기에 떠나라

맨몸의 나를 만나라

"제때 죽어라!"

니체는 왜 이런 말을 했을까? 여기서 그가 말하는 죽음이란 과거와의 결별을 뜻한다. 사람들은 죽음(이별 혹은 결별)을 두려워할 뿐, 그것을 축제로 만든다는 것은 상상도 하지 못한다. 하지만 잘 사는 법을 배우기 위해서 잘 죽는 법, 즉 잘 떠나는 법도 배워야 한다. 떠날 때를 알고 떠나는 사람의 뒷모습은 아름답다고도 했다. 그렇지 않고 제때 떠나지 못하면 떠밀려서 떠나는 순간이 온다. 비참할 뿐이다.

겨울의 나목(裸木)을 보았는가. 제 몸에 매달린 푸른 잎을 모두 떠나보내고 벌거벗은 몸으로 봄을 기다리는 나목. 그 나목처럼 이별은 곧 새로운 출발이다. 때로는 우리도 나목처럼 벌거벗은 맨몸의 나를 만나야 한다. 지금의 나를 지탱해주는 모든 껍데기를 벗어버리고 본연의 나를 만나는 것이다. 지금의 나로부터의 떠남은 더 성숙한 나를 만나기 위한 여행의 첫 걸음이 된다.

'성을 쌓고 사는 자는 반드시 망할 것이며, 끊임없이 이동하는 자만이 살아남을 것이다.' 몽골의 수도 울란바트로 근교에 쓰여 있는 비문(碑文)이다. 성(城)을 쌓는다는 것은 현재의 자기 위치에 보호막을 설치하는 일이다. 성은 낯선 세계로의 떠남을 포기하고, 지금의 자리에 머물겠다는 의도다. 하지만 기억하라. 지키려고 하면 할수록 더 많이 잃어버린다. 더군다나 변화무쌍한 속도전의 세상에서 자신의 기득권을 지킨다는 것은 현재의 위치마저 지키지 못하는 결과를 불러올 수 있다. 오히려 퇴보를 자처할 뿐이다. 따라서 성을 지키려고 애쓰기보다 과감하게 성을 떠나라. 성을 부수고 성 밖의 세상을 온몸으로 체험해보라. 그래야 나를 보호하기 위해서 만든 경계가 얼마나 쓸모없는지, 그래서 내 능력의 한계가 얼마인지를 철저히 깨우치게 된다. 부디 제때 떠나라! 낯선 곳으로 떠나야 더 강력해진 나로 돌아올 수 있다.

일단 한번 떠나라

생각이 많으면 아무것도 이룰 수 없다. 떠나기 위해 너무 많은 준비를 하다보면 떠날 시기를 놓칠 수 있다. 그러면 언제 떠나야 할까? 바로 지금이다. 떠날 수 있는 최고의 방법은 일단 한번 떠나보는 것이다. 그렇게 해야 '힘든 고갯마루를 넘을 때 다리가 부러지는 일은 좀처럼 발생하지 않는다. 하지만 넓은 대로에선 말도 안 되는 이유로 다리가 부러진다'는 사실을 알 수 있다.

유라투스트라는 이렇게 말한다

낯선 세상으로 가야만 낯선 나를 만날 수 있다. 물론 막상 떠나고자 할 때 많은 두려움이 엄습한다. 하지만 두려움은 대상에 대한 두려운 생각이 만들어낸 것뿐이다. 떠남의 두려움이 찾아올 때마다 적극적으로 생각을 바꿔라. 내가 대상을 어떻게 생각하는가에 따라 그 의미가 확연히 달라진다. 니체는 이렇게 말한다.

"그곳에 가고자 한다. 난 나를 계속 믿는다. 내 항해술도…."

니체와 같은 믿음이 없다면 우리는 감히 낯선 곳으로 떠나지 못할 것이다. 완벽한 준비는 완벽한 실패(失敗)를 가져올 수 있다. 어쩌면 실패가 아니라 실기(失機), 기회의 상실이 더 심각할 수 있다. 물론 준비에 실패하는 것은 실패를 준비하는 것이지만, 너무 완벽하게 준비를 하다가는 시작도 못한 채 지쳐 포기하고 만다. 낯선 세상을 향해 떠나는 것은 곧 불확실한 곳으로의 여정이다. 그렇기 때문에 당연히 그 미지의 세상에서 펼쳐질 일을 미리 통제하고 계획하기란 불가능하다. 그러니 낯선 상황에 직접 부딪혀보는 것이다. 직접적인 대응만이 불확실한 세상을 돌파하는 최고의 해법이다.

오늘을 벗어야 내일을 만난다

강물은 자신을 버릴 때 비로소 바다로 흘러간다. 나무도 푸른 잎을 버리고 한겨울을 버텨야 새순을 얻는다. 새도 뼛속까지 비워내야 하늘 높이 날아갈 수 있다. 만약 강물이 한 곳에 머물러 있다면, 나무가 무성한 잎을 그대로 간직한다면, 새가 뼛속까지 가득 채우고 있다면 결코 새로운 변화와 발전을 맞이할 수 없다.

우리도 오늘을 버려야 내일을 맞이할 수 있다. 오늘의 몸을 벗어야 내일의 몸을 만날 수 있다. 이처럼 모든 만물은 버리고 떠날 때 새로운 세상을 만날 수 있다. 자연의 당연한 순리(順理)다. 안전한 항구에 정박해 있기를 원하는 배는 거친 파도를 항해하는 방법을 영원히 깨닫지 못한다. 노련한 뱃사공은 거친 파도를 통해 단련되듯, 니체가 사랑하는 인간은 견디기 어려운 고난과 역경의 바다에서 탄생한다. 미련 없이 버리고 떠날 때, 그 빈자리에 새로운 지혜를 담을 수 있다. 그러니 '버림'이 곧 '얻음'이다. 니체는 이렇게 말한다.

"너는 지금의 너를 뛰어넘어 저 위에 네 자신을 세워야 한다. 그러려면 너의 신체와 영혼이 먼저 반듯하게 세워져 있어야 할 것이다."

미련에 찬 어조로 '자신이 어려서, 깊이가 없어서, 세상을 몰라서'라는 이유를 앞세워 과거 속에 머무르지 마라. 변화를 두려워해서는 결코 높게, 깊게, 새롭게 변화할 수 없다.

모든 것은 가고, 모든 것은 되돌아온다. 존재의 수레바퀴는 영원히 돌고 돈다. 모든 것은 죽고, 모든 것은 다시 소생한다. 존재의 해는 영원히 흐른다.
— 《차라투스트라는 이렇게 말했다》

> "망각하는 것을 배우지 못하고 늘 지나간 과거에 매달려 있는 자기 자신에 대해서도 이상하게 생각한다. 그가 아무리 멀리, 아무리 빨리 달려가더라도 그 쇠사슬은 언제나 함께 따라다닌다. 지금 여기 있는 것 같은데 어느 결에 지나가버리는 순간, 앞에도 무(無), 뒤에도 역시 무인 이 순간이 유령처럼 다시 돌아와서 다음 순간의 인식을 훼방한다."
>
> ―《즐거운 지식》

12
떠나라, 그리고 만나라

지금의 나를 떠나라

우리는 지금의 나를 쉽게 떠나지 못한다. 왜 그런가? 니체는 과거로부터 떠나지 못하는 이유를 위와 같이 설명한다. 수많은 저작물을 남긴 니체. 그는 한 작품을 쓰고 나면 새로운 니체로 변신하여 또 다른 작품을 썼다. 그의 작품《즐거운 지식》의 제2판 서문을 보면 '니체 씨를 떠나자'라는 표현이 있다. 이 말은 기존의 니체를 떠나 새로운 니체로의 변신을 의미한다. 그에게 떠남은 곧 새로운 만남이다. 떠나는 사람만이 새로운 자신과 만날 수 있다. 이처럼 니체가 떠남을 강조하는 이유는 그의 영원회귀(永劫回歸) 철학에서 찾아볼 수 있다. 영원회귀란 기존의 상태를 떠나서 새로운 모습으로 돌아오는 끊임없는 소멸과 생성의 과정을 말한다.

다시 말해 '낡은 나'를 떠나서 '새로운 나'로 돌아오는 반복의 과정이다. 이것은 차이를 낳는 반복이다. 기존의 나에서 떠난다는 것은 새로운 나로 돌아오기 위한 여정이다. 소멸과 생성을 반복하는 가운데 '차이'가 만들어지는 것이다.

떠나는 자가 '차이'를 만든다

천의 얼굴을 가진 니체는 많은 저작을 통해 우리에게 다양한 모습을 보여주었다. 때로는 사상가로서, 또 때로는 예술가이자 교육자로서 글을 쓰고 말했다. 그중 니체에게 가장 적합한 얼굴은 여행자의 모습이다. 니체는 항상 사람들에게 떠나라고 말한다. 자신을 찾는 일은 결국 자신으로부터 떠나는 것에서 시작한다고 믿었다. 《차라투스트라는 이렇게 말했다》에 등장하는 수많은 인물과 동물들 또한 모두 여행을 통해서 만난다. 색다른 마주침들이다. 떠나야 색다른 마주침을 경험할 수 있다. 그리고 마주침은 나를 새롭게 변신시키는 원동력이다. 나를 끊임없이 잃어버림으로써 새로운 나의 정체성을 만나는 것이다. 계속되는 나의 죽음을 통해서만 내가 거듭나는 것이다. 그래서 니체는 이렇게 말한다(《이 사람을 보라》).

"이제 나는 너희에게 명한다. 나를 잃어버리고 너 스스로를 찾아라. 너희가 나를 완전히 부정했을 때 나는 너희에게 다시 돌아가리니…."

떠남은 예전과는 다른 '차이'를 만들어낸다. 이때의 차이는 남과의 차이가 아니라 이전의 나와 지금의 나, 그리고 미래의 나와의 차이를 말한다. 지금의 나를 소멸시키고 과거로부터의 나와 단절하며, 이전과 다른 나를 생성하는 여행에 몸을 맡겨라.

낯선 나를 만나라

들뢰즈도 말했듯이 니체는 유목적 사상가(Nomad thinker)다. 그는 지금 여기에 안주하지 않고 낯선 곳으로의 여행을 쉼 없이 지속한다. 그에게 여행은 기존의 가치로부터 떠나는 것이며, 과거의 쇠사슬로부터 벗어나는 것이다. 지금 '여기'에 안주하고자 하는 것은 안정은커녕 퇴보의 길을 선택하는 일이다. 니체가 저술한 작품들 역시 여행의 간이역에 불과했다. 그에게 목적지는 없다. 목적지에 이르는 여행만이 존재할 뿐이다. 여정에서 만나는 사물과 사람, 그리고 세상과의 낯선 조우를 통해 얻는 깨달음이야말로 니체 철학의 중심이다.

"여행지에서의 관찰과 체험을 그대로 멈춰두지 않고 자신의 업무나 생활 속에 살려 풍요로워지는 사람도 있다. 인생이라는 여로에서도 그것은 마찬가지다. 그때그때의 체험과 보고 들은 것을 그저 기념물로만 간직한다면 실제 인생은 정해진 일만 반복될 뿐이다. 그렇기에 어떤 일이든 다시 시작되는 내일의 나날에 활용하고, 늘 자신을 개척해가는 자세를 갖는 것이야말로 인생을 최고로 여행하는 방법이다."

우리는 낡은 것으로 되돌아갈 수 없다. 우리는 이미 배를 불태워버리고 말았다. 용감해지는 수밖에 없다.
— 《인간적인 너무나 인간적인》

Also Sprechen Yourathustra

2

니체처럼 깨부숴라

"낡은 나를 망치로 때려 부숴라!"

"아, 너희 사람들이여. 돌 속에 하나의 형상이, 내 머리 속에 있는 많은 형상들 가운데 으뜸가는 형상이 잠자고 있구나! 아, 그 형상이 더할 나위 없이 단단하고 보기 흉한 돌 속에 갇혀 잠이나 자야 하다니! 이제 나의 망치는 저 형상을 가두어두고 있는 감옥을 잔인하게 때려 부순다. 돌에서 파편이 흩날리고 있다. 무슨 상관인가?"

— 《차라투스트라는 이렇게 말했다》

01
낡은 것들을 망치로 부숴라

한손에 망치를 들어라

니체는 똑같은 삶의 반복을 무가치하게 여겼다. 그는 끊임없이 새로운 삶을 살라고 가르친다. 그리고 그런 삶을 위해서 먼저 파괴자가 되라고 말한다. 기존의 낡은 가치를 뿌리부터 뒤흔들어놓는 파괴자! 그런 파괴자가 되기 위해 필요한 도구가 망치다. 아무런 근거 없이 '옳다'고 믿는 가치들은 없는가? 익숙한 대로 믿어버린 낡은 생각은 무엇인가? 그것들을 망치로 사정없이 부수어버리자.

예컨대 우리는 가정이나 학교, 다양한 조직 등에서 크고 작은 원칙들을 수없이 지켜봐왔다. 그런데 수많은 원칙들 중에는 특별한 근거 없이 만들어진 것들이 제법 많다. 때로는 이런 원칙들을 다시 되돌아봐야 한다. 무엇 때문에, 어떤 목적으로, 누구의 의지로 세워졌는가? 무엇이 옳고 그릇된 것인지, 무엇이 진실이고 거짓인지, 또 무엇이 가치 있고 무가치한지 등을 근본적으로 생각해봐야 한다. 그렇지 않고서는 그 무엇도 파괴할 수 없다. 내 의식의 눈을 크게 뜨고 더 깊이, 더 넓게 봐야 한다. 그래야 파괴의 망치를 더 높이 치켜들 수 있다.

창조의 도구로 사용하라

내가 의미 없이 반복하고 있는 것은 무엇인가? 망치를 들고서라도 부숴버리고 싶은 그것은 무엇인가? 늘 똑같은 행동을 반복하면서 다른 결과를 기대하는 것처럼 어리석은 일이 또 있을까. 차원이 다르게 변화하고 싶다면 낡은 것, 틀에 박힌 것, 형식적인 것들을 '잔인하게 때려 부숴야' 한다.

그래서 니체는 언제나 망치를 들고 다닌다. 그 망치는 난공불락이라고 믿었던 허상의 우상을 부숴버리기 위한 도구다. 그런데 오해는 하지 마라. 망치는 파괴만을 위한 도구가 아니다. 이때 망치의 기능은 단순히 파괴 행위를 하는 것만으로 그치지 않는다. 그랬다면 망치는 부정의 도구일 뿐이다. 니체는 망치를 파괴의 도구가 아닌 창조의 도구로 사용했다. 창조를 위한 파괴! 그리고 부숴버린 우상 위에 새로운 삶의 가치를 건설한다. 망치를 휘둘러 파괴하는 것에 그치고 만다면 우리의 삶은 건강하게 창조될 수 없다.

채우고 싶으면 비우고, 오르기 위해서! 망치를 들고 깨부수는 것을 의미한다. 또한 새로운 나, 새로운 삶을 창조하기 위해 산산이 부숴버릴 수 있는 과감한 용기가 필요함을 일깨워준다.

긍정하기 위해서 부정하라

니체는 기존의 낡은 가치에 무조건 순종하느니 차라리 절망하라고 외친다. "순종하느니 차라리 절망하라!"

절망하라니, 이게 무슨 말인가? 니체에게 절망은 또 다른 긍정이다. '철저히 절망하라'는 말은 '철저히 부정하라'는 의미다. 과거를 확실하게 '부정'해야 미래를 새롭게 '긍정'할 수 있다. 확실하게 부정해야 확실하게 시작할 수 있다. 낡은 현재에 대한 철저한 부정이 있어야 새롭게 출발할 수 있다. 그래서 니체는 말한다.

"이제 나는 너희에게 명한다. 나를 잃어버리고 너 스스로를 찾으라. 너희가 나를 완전히 부정했을 때, 나는 너희에게 다시 돌아가리니…."

이처럼 새로운 나를 긍정하기 위해서는 먼저 낡은 나를 부정해야 한다. 그것이 나를 진정으로 사랑하는 길이다. 부정이 낡은 나를 철저하게 절망하는 일이다. 정직한 절망만이 새로운 희망을 세울 수 있다. 말로는 절망적이라고 하지만, 사실은 중간의 절망인 경우가 많다. 어설프게 절망하면 절망을 반복할 뿐이다. 그러니 철저하게 절망하라. 지금의 나를 철저하게 부정하고 절망해야 새롭게 희망할 수 있다.

그대들의 단단함이 번쩍이면서 자르지 못하고 산산이 부숴버리지 못한다면 어떻게 나와 함께 창조하겠는가? ― 망치는 말한다.

― 《우상의 황혼》

"너희는 너희에게 걸맞은 적을 찾아내어 일전을 벌여야 한다. 너희의 사상을 위해! 설혹 너희의 사상이 패배하더라도 너희의 정직성만은 그에 굴하지 않고 승리를 구가해야 하리라! 너희는 평화를 전쟁을 위한 방편으로서 사랑해야 한다. 그리고 긴 평화보다 짧은 평화를 더 사랑해야 한다. 내가 너희에게 권하는 것은 노동이 아니라 전투다. 내가 너희에게 권하는 것은 평화가 아니라 승리. 너희가 하는 노동이 전투가 되고 너희가 누리는 평화가 승리가 되기를 바란다!"

—《차라투스트라는 이렇게 말했다》

02
전쟁을 일으키는 삶을 살라

위대한 삶을 포기하지 마라

니체는 모두가 위대한 삶을 꿈꾸기를 바랐다. 그만큼 우리의 삶은 소중하기 때문이다. 그는 위대한 삶을 위해서 '전쟁을 포기하지 마라'고 말한다. 그가 말한 전쟁은 총칼을 들고 싸우는 전쟁이 아닌 노동과의 전쟁을 의미한다. 니체는 틀에 박힌 반복적인 노동을 삶의 무서운 적이라고 여겼다. 의미 없이 반복되는 노동, 그것은 개인의 그 어떤 성장도 불러오지 못한다. 특히나 니체가 노동과의 전쟁을 선포한 이유는 자신의 가치를 생산하지 못하고, 타자의 가치를 생산하는 데만 몰두하기 때문이다. 그 결과 노동이 가중되면 될수록 개인은 풍요로운 삶에서 멀어지고, 일의 노예로 전락하는 악순환을 반복한다.

유라투스트라는 이렇게 말한다

"노동을 하지 않으면 삶은 부패한다. 그러나 영혼 없는 노동을 하면 삶은 질식되어 죽어간다." 알베르 까뮈(Albert Camus)의 말이다. 좋은 노동은 불완전한 인간의 부단한 자기성장을 불러온다. 그렇지 않고 자기 성장을 억압하고, 더 나아가 자기 변신을 방해하는 모든 노동은 마땅히 파괴해야 할 전쟁의 대상이다. 이처럼 니체는 삶에서 파생되는 수많은 적들과의 전쟁을 강조한다. 전쟁을 포기한 삶은 창조적 삶을 포기한 것과 같기 때문이다.

하루의 3분의 1을 자신에게 투자하라

《작은 것이 아름답다》의 저자 에른스트 슈마허(Ernst Schumacher)는 '오늘날의 노동은 백 년에 걸친 탈기술(De-skilling)의 산물'이라고 말한다. 기술(Technology)이 발전하면 할수록 인간의 기술(Skill)이 점차 퇴화되고, 기계가 요구하는 기술에 종속되는 현상을 지적한 말이다. 그는 기술이 발전하면 할수록 인간은 시스템이 요구하는 기술을 더 많이 쌓을 수밖에 없다고 주장한다. 그래서 기술 발전과 더불어 인간의 신성한 노동은 점차 기계가 요구하는 기술에 종속당하게 된다는 것이다. 이런 현상이 가속화되면 인간은 시스템 밖에서 점차 생존 가치가 없어지고, 결국에는 기계 의존적 인간으로 전락하고 만다.

이처럼 노동을 통해 자기 변신을 시도하지 못하고, 스스로를 구속하는 악순환에 말려들어가는 인간은 '전쟁을 통해 극복되어야만 할 그 무엇'이다. 니체는 전쟁을 사랑하는 전사적 인간을 사랑했다. 오로지 스스로의 의지와 명령에 복종하는 전사들, 이들이야말로 자신의 세계를 새롭게 창조할 수 있다고 믿었다.

니체는 기존의 낡은 가치와 제도가 아니라 자신의 의지와 물음으로 끊임없이 자신을 극복해가는 전사의 삶만이 온전한 자기 자신을 획득할 수 있다고 여겼다. 이처럼 온전한 자기 자신을 획득하기 위해서는 낡은 노동을 타파해야 한다. 현실 안에서 노동은 자신의 가치를 창조하는 게 아니라 타자의 가치를 생산하는 데 집중되어 있기 때문이다. 특히 자본주의적 가치에 포섭된 노동은 인간을 자유인이 아닌 노예로 종속시킨다. 그렇기 때문에 노예에서 벗어나기 위해서라도 하루하루 자신과 전투를 벌여야 한다. 니체는 우리를 구속하는 그 모든 가치나 제도와의 싸움에서 이겨내라고 주문한다.

그렇다면 우리는 종속된 삶에서 벗어나기 위해 어떻게 해야 하는가? 니체는 시간을 강조한다. 시간을 어떻게 투자해야 하는가에 따라서 '노예 아니면 자유인'이 된다고 말이다.

"예나 지금이나 모든 인간은 노예 아니면 자유인이다. 최소한 하루 3분의 1을 자신을 위해 가질 수 없는 사람은 그가 장관이든 노동자든 상관없이 노예다."

자신과 전투를 벌여라

니체는 매일매일 새롭게 태어나고 싶은 전사라면 그 어떤 위험도 사랑하라고 말한다. 불확실한 미래 때문에 늙은 가치에 순응하려는 생각 따위는 집어치우고 전쟁을 일으키는 삶을 살라고 말이다. "너는 하루하루 네 자신과 전투를 벌여야 한다."

삶에서의 전쟁은 기존의 관습에서 벗어나 새로운 삶을 생산하는 긍정의 과정이다. 전쟁을 포기하는 순간 우리는 낡은 삶을 재생산하거나, 기존의 가치에 종속되는 삶을 반복할 수밖에 없다. 이것이 노예의 삶이다.

전쟁을 일으키는 전사로 살겠는가, 아니면 낡은 삶을 반복하는 노예로 살겠는가. 선택은 오직 나의 몫이다. 불안정하지만 희망을 품고 앞날을 향해 떠날 것인가, 아니면 그냥 주저앉아 있을 것인가. 누구든 미래가 불확실하지 않은 사람은 없다. 그렇기 때문에 어제와 다른 대안이 필요하다. 니체는 이렇게 말한다.

"시도와 물음, 그것이 나의 모든 행로였다. 그리고 진정, 그런 물음에 대답하는 법을 배우지 않으면 안 된다! 이것이 내 취향이렸다!"

《차라투스트라는 이렇게 말했다》에는 두 가지 인간형이 등장한다. '최후의 인간'과 '위버멘쉬'. 최후의 인간은 삶의 목적의식을 상실하고 쾌락과 만족에 빠져 그럭저럭 살아가는 인간이다. 반면에 위버멘쉬는 자신의 한계를 극복하기 위해 넘치는 생명력으로 부단히 노력하는 사람이다. 그들은 전투적 본능으로 세상의 온갖 위험을 무릅쓰고 새로운 나를 위해 모든 에너지를 쏟아붓는다. 그리고 자신이 누구인지, 어디로 가고 있는지, 왜 사는지, 세상을 향해 쉬지 않고 묻는다. 니체는 우리에게 묻는다.

"당신은 최후의 인간인가, 아니면 위버멘쉬인가?"

전쟁을 일으키는 삶을 살라! 낡은 삶에 무슨 가치가 있는가! 그 어떤 전사가 보호와 아낌을 받기 원하는가! 나는 너희들을 보호하지도 않으며 아끼지도 않는다. 나는 너희들을 진심으로 사랑한다.
— 《차라투스트라는 이렇게 말했다》

03
익숙한 무리에서 벗어나라

무리에서 벗어나라

편안한 삶을 살고 싶다면 항구 가까운 곳에 배를 정박한 채 머물러 있으면 된다. 하지만 배는 항구에 정박하기 위해 존재하는 것이 아니다. 더 큰 대양으로 흘러가기 전 잠시 항구에 머무는 것이다. 우리의 삶도 그렇다. 안락하고 편안하게 사는 것이 삶의 목적은 아니다. 그보다 의미 있는 삶을 위해 오늘을 살아가는 것이다.

그런데 대부분의 사람들이 마치 편안한 삶이 인생의 목적인 듯 살아간다. 니체는 그런 사람들을 향해 '어제도 모르고 오늘도 모른 채 풀만 뜯고 사는 양떼의 무리'라고 일갈한다. 무리 속에 있는 사람과 무리 밖에 있는 사람이 있다. 나는 어느 쪽인가? 때로는 안정적인 무리에서 벗어나

유라투스트라는 이렇게 말한다

야 할 때도 필요하다. 나의 가치, 나의 존재를 더 확고히 정리하기 위해서다. 니체의 말처럼 개인의 가치는 무리에서 벗어나 과감하게 자신의 길을 걸어갈 때, 더욱 빛난다. 그런데도 니체는 대부분의 사람들이 비겁함과 안락함 때문에 '무리'의 일부가 된다고 말한다. 무리에 섞인 이들은 위험도 없고, 의미도 없는 삶에 쉽게 길들여진다.

인간의 속성상 일단 무리의 일원이 되면 그때부터 사람들은 수동적으로 우두머리를 따른다. 특별한 목표 없이 그럭저럭 살아간다. 그들은 니체가 말한 둔하고 미련한 동물들처럼 그저 먹고사는 데만 연연한다. 얼마나 심심한 삶인가. 이들에게 니체는 따끔한 충고를 잊지 않는다.

"너의 고독 속으로 달아나라! 너는 하찮은 자들과 가엾은 자들을 너무 가까이에 두고 있다."

차라리 고독으로 향하라

생각해보라. 하루 중 얼마나 고독한 시간을 보내고 있는가. 어쩌면 우리는 고독할 시간조차 없는지도 모른다. 현대문명이 발달할수록 인스타그램, 페이스북과 같은 SNS에서 수많은 사람들이 말을 걸어온다. 이메일이 수시로 날아오고 블로그 위젯에 시시각각 정보가 돌아간다. 나 자신에게 집중할 시간을 방해하는 요소들이 여기저기 널려 있다. 일분일초도 고독하지 않으려는 우리는 고독한 시간을 피하려고만 한다. 사람들은 적극적으로 어딘가에 소속되어 있으려고 안간힘을 쓴다. 하지만 고독의 순간을 경험하지 못하면 성장할 수 없다. 고독한 시간 없이 특별한 나란 존재하지 않는다. 고독은 나의 맨몸과 만나는 시간이다. 완벽한 고독 속에서 나의 본질이 드러난다. 따라서 진짜의 나를 찾기 원한다면 고독 속으로 들어가야 한다. 철저하게 나와 대면하는 시간, 나와 맨몸으로 만나는 고독 속에서 진정한 나를 발견할 수 있기 때문이다.

결정적인 순간에는 누구나 혼자다. 위대한 창조의 꽃이 피는 순간에도 어김없이 혼자다. 혼자 있을 때만이 온전히 자신을 성찰할 수 있다. 따라서 '최악의 상황에서 택할 수 있는 최선의 방법은 고독 속으로 도망가는 것'이다(신혜경 –《부정하라》). 니체는 우리에게 이렇게 말한다.

"벗이여, 너의 고독 속으로 달아나라. 사납고 거센 바람이 부는 곳으로!"

고독 속에서 올곧이 자신을 세우고 물어보라. 나는 지금 어디로, 왜, 무엇을 위해 달려가고 있는가? 고독 속에서 던지는 질문이야말로 진정한 나를 찾아가는 중요한 열쇠다.

고독 없이 성장도 없다

인생의 삼고(三苦)는 고독, 고생, 고통이다. 이 세 가지 모두를 감내하기란 쉽지 않지만 그런 만큼 이보다 인생을 더 크게 발전시키는 것도 드물다. 이런 의미에서 삼고(三苦)는 인생의 삼고(三高)이다. 고독하지 않으면 몰입할 수 없으며, 고생하지 않으면 대가(大家)가 될 수 없고, 고통이 없으면 삶의 의미를 깨닫기 힘들기 때문이다. 삶의 의미는 고독 속에서 잉태되고, 고생을 통해 더 높이 성장하며, 고통 속에서 나의 지식으로 체화된다. 그중에서 특히 고독은 철저히 나 혼자 대면하고 이겨내야 한다. 함께 고생할 수는 있지만 함께 고독할 수는 없다. 고통은 분담할 수 있지만, 고독은 나눌 수 없다. 따라서 더 철저하게 고독해지는 길만이 고고(呱

呱)하게 자신을 일으켜 세울 수 있는 방법이다. 고독은 고도성장을 위한 침묵 속에 숨은 용틀임이다. 고독은 개인과 기업이 성장할 수 있는 '고도'를 결정한다. 특히 경영자의 고독 없이 기업의 '고도성장'은 불가능하다. 모든 창조는 시끌벅적함이 아닌 처절한 '고독'의 몸부림 속에서 탄생한다.

기업(企業)이라는 한자 안에도 경영자의 고독이 담겨 있다. 한자 기(企)를 살펴보면 경영자[人]가 멈춰 서서[止] 침묵과 함께 앞을 내다보는 형상이다. 경영자가 순간순간 멈춰 서서 고독을 경험하지 않고 앞만 보고 달린다면 어느 순간 침몰할 수 있다. 또한 한자 업(業)은 수많은 팀원들[羊]을 데리고 풀밭[艸]이 있는 시장으로 인도해가는 외로운 리더[人]를 상징한다. 결국 기업이란 리더인 경영자가 미래를 내다보면서 풀밭이 있는 시장을 찾기 위해 구성원들을 이끌고 가는 조직을 의미한다. 빠르고 변화무쌍한 시장의 움직임을 꿰뚫기 위해서라도 고독한 시간은 반드시 필요하다.

너의 고독 속으로 달아나라! 너는 하찮은 자들과 가엾은 자들을 너무 가까이에 두고 있다. 저들의 눈에 보이지 않는 앙갚음에서 벗어나라! ─《차라투스트라는 이렇게 말했다》

> "생은 항상 자기 자신을 극복하지 않으면 안 된다는 것을 말해주는 표지, 달그락거리는 표지가 되어야 한다! 생 자체는 기둥과 계단의 도움으로 자신을 높이 세우려 한다. 생은 먼 곳을, 행복을 머금은 아름다움을 내다보고 싶어 한다. 그러기 위해 생은 높이 오를 필요가 있는 것이다. 높이 오를 필요가 있기에 생은 계단을, 계단과 오르는 자들이 범하는 모순을 필요로 한다! 생은 오르기를 원하며 오르면서 자신을 극복하기를 원한다."
> — 《차라투스트라는 이렇게 말했다》

04
하루에도 열 번 극복하라

낡은 것들을 극복하라

장대높이뛰기 선수는 더 좋은 기록을 목표로 연습에 연습을 반복한다. 1미터를 뛰어넘고, 2미터를 뛰어넘고, 3미터를 뛰어넘기 위해서 노력을 멈추지 않는다. 계속 더 높은 곳을 뛰어넘어 새로운 기록을 경신해야 한다. 그것이 높이뛰기 선수로서의 존재 의미이기 때문이다. 우리도 더 높은 삶을 향해 뛰어오르고 있는가? 아니면 늘 똑같은 기록을 반복하면서 살고 있는가? 과거에 묻혀 있는 나, 현재에 안주하는 나로 머무르기를 원한다면 더 성장한 나를 결코 만날 수 없다. 그래서 니체는 이렇게 묻는다. '자신을 극복하기보다는 오히려 짐승으로 되돌아가려 하는가?'

반복해서 말하지만 니체가 지향하는 최고의 인간상은 '위버멘쉬'다.

위버멘쉬란 '인간을 넘어섬' '인간을 극복함'이란 의미라고 소개했다. 즉 작은 존재를 뛰어넘어 보다 큰 존재로 확장되어가는 것을 의미한다. 이를 위해서 니체는 자기를 극복하는 의지를 강조한다.

"내가 먼저 나 자신을 극복하게 되면 나는 보다 위대한 일에서도 나 자신을 극복하게 되리라. 그렇게 되면 나는 승리할 것이고, 그 승리가 나의 완성을 확인해주는 봉인이 되어 주리라!"

삶에서 승리하기 위해 우리도 스스로를 극복하고 있는가? 니체는 거듭해서 '하루에도 열 번 자신을 극복하라'고 말한다. 자기를 극복한다는 것, 그것은 결국 나를 넘어선다는 의미다. 진정한 '나'다움을 찾아가는 자기 변신의 과정이다. 이런 자기 변신의 과정을 통해서만이 참다운 나를 만날 수 있다.

나의 나체를 만나라

니체가 자기 극복을 계속해서 강조한 이유는 무엇일까? 그것이 곧 나의 정체성을 찾아가는 길이기 때문이다. 남처럼 살아가는 나를 떠나 진정한 나를 회복하기 위해서다. 온갖 겉치레를 벗어버리고 나의 맨몸으로 살아가야 하기 때문이다. 혹시 사회적 위치나 명예가 나를 대신한다고 믿는가? 어느 날 갑자기 나를 보호해주던 조직이나 타이틀에서 벗어났을 때, 우리는 적잖이 당황하고 좌절한다. 그동안 나를 둘러싸고 있던 온갖 직위나 직급이 무의미한 포장에 불과했음을 뒤늦게 깨닫기도 한다. '나는 누구였는가?', '나의 일은 무슨 의미였는가?' 하며 깊은 회의감에 빠지기도 한다. 이런 의미에서 자기 극복이란 결국 일체의 껍데기를 벗어던지고 진정한 나의 모습, 즉 나의 나체(裸體)를 만나는 일이다. 벌거벗음으로써 나의 정체성을 찾는 것이다.

무엇이 되고 싶다면 무엇을 하라

"너는 네 자신의 불길로 너 스스로를 태워버릴 각오를 해야 하리라. 먼저 재가 되지 않고서 어떻게 거듭나길 바랄 수 있겠는가!" 니체의 말처럼 지금의 나를 불살라 재로 만들어야 새로운 나로 변신한다. '오늘의 나'를 죽여야 '내일의 나'가 태어나는 것이다. 이것이 바로 나의 정체성을 찾아가는 과정이다.

내일의 나는 어떻게 만들어지는가? 내일의 나는 '되기'와 '하기'를 통해서 완성된다. 먼저 내일의 나는 내일의 '나―되기(being)'다. 되기(being)는 비전을 통해서 최종적으로 어떤 사람이 되고 싶은가 하는 것의 문제다. 즉 어떤 사람이 '되고' 싶은가에 대한 대답, '되고' 싶은 존재(being)의 본질적 모습은 '되기'에서 나타난다. 반면에 하기(doing)는 되고 싶은 사람이 '되기' 위해 구체적으로 무엇을 해야 하는가의 문제다. 즉 '되고' 싶은 존재가 '되기' 위해서 구체적으로 어떤 행동과 실천(doing)을 할 것인가는 '하기'에서 나타난다.

특정 분야의 전문가가 '되고' 싶으면 그 분야의 전문가들이 어떤 자질을 갖추었는지 알아보고, 그런 사람이 '되기' 위해서 부단히 노력해야 한다. 예컨대 세계적인 여행가가 '되고' 싶으면 먼저 세계적인 여행지를 여행할 것이다. 이처럼 '되고' 싶은 존재의 본질적 모습이 결정된 후에 구체적인 '행동'이 뒤따른다. 존재의 본질을 먼저 고민한 후 그 본질에 가까운 사람이 '되기' 위해서 구체적으로 행동하는 것이다. 그렇지 않고 무조건 뭔가를 실행하는 것만큼 어리석은 것도 없다. 특히 '됨'과 '함'의 순서가 뒤바뀔 경우 본질에서 벗어나는 위험이 나타난다. 많은 경우 무엇이 '되고' 싶은지를 분명하게 설정하지 않은 채 그저 열심히만 '하면' 된다고 착각한다. 무엇을 했느냐 하는 행함에만 주안점을 두고, 무엇이 되느냐 하는 본질에는 큰 관심이 없기 때문이다. 하지만 무엇이 '되는' 것보다 '무엇다움'을 이루는 것이 더 본질적인 문제임을 명심해야 한다.

결론적으로 '되고' 싶은 존재가 '되기' 위해서 구체적인 행동이 뒤따르지 않으면 무용지물이다. 무엇이 되고 싶다면 먼저 스스로에게 물어라. 나는 지금 '되고' 싶은 존재가 무엇인지를 분명히 알고 있는가? 혹시 지금 나는 '되기'를 잊은 채 '하기'만을 열심히 실천했던 건 아닐까?

사람은 극복되어야 할 그 무엇이다. 너희들은 자신을 극복하기 위해 무엇을 했는가? 지금까지 존재해온 모든 것들은 그들 자신을 뛰어넘어 그들 이상의 것을 창조해왔다.

— 《차라투스트라는 이렇게 말했다》

> "그대들이 절망했다는 것, 바로 거기에 존경할 만한 점이 많이 있다. 그것은 그대들이 어떻게 고분고분 순종을 해야 하는지를 체득하지 못했으며 저 잔꾀 또한 익히지 못해 생긴 일이기 때문이다."
>
> ― 《차라투스트라는 이렇게 말했다》

05
넘어질수록 더 강해져라

실패도 사랑하라

니체는 절대긍정주의자다. 그는 부정 속에서 긍정을, 절망 속에서 희망을, 실패 속에서 성공을 찾아내는 데 탁월한 능력을 지녔다. 병균 속에서 치료의 백신을 찾아내듯 니체는 상처로부터 치료의 힘을 발견한다. 니체에게 삶은 살아야 할지 말지를 선택하는 대상이 아니다. 거룩하게 긍정하는 그 무엇이다. 그는 어떤 운명도 기꺼이 받아들인다. 괴로워도 슬퍼도 그것이 내 운명이라면 기꺼이 사랑하겠다고 말한다. 그것이 니체의 운명애, 아모르파티(Amor Fati)다. 한국 경영철학의 대가 윤석철 교수께서는 '생(生)은 명령이다 생존 경쟁이 아무리 어렵고 부조리가 난무해도 삶은 선택의 문제가 아니라 사명이다.'라는 말을 남겼다.

넘어질수록 더 강해져야 하는 것, 그것이 바로 우리의 삶이다. 삶은 우여곡절과 파란만장한 굴곡의 연속이다. 실패와 성공, 슬픔과 기쁨, 절망과 희망, 혼돈과 질서, 불확실과 확실, 위기와 기회, 불안과 안정이 반복적으로 순환하며 굴러간다. 어두워야 밝음의 가치를 알 수 있고, 내려가야 정상의 기쁨을 갈구할 수 있으며, 실패해야 성공의 가치를 느낄 수 있다. 그러니 어느 한쪽만을 두 팔 벌려 환영할 수도 없고, 뒤돌아서 외면할 수도 없다. 긍정적이든 부정적이든 모두 내 삶의 한 부분으로 존재한다.

실패하라, 그리고 배워라

성공을 값지게 만드는 것은 실패를 통해 깨달은 교훈이 있기 때문이다. 따라서 실패는 덮어두고 부끄러워해야 할 잘못이 아니다. 더 많이 드러내고 배워야 할 교훈이다. 니체는 《니체 대 바그너》라는 저서에서 이렇게 말한다.

"자기가 겪은 고통 덕분에 깊이 괴로워하는 인간은 여느 가장 똑똑하고도 현명한 자들이 알 수 있을 만한 것보다 더 많이 알 수 있다."

실패도 마찬가지다. 똑같은 실패를 하고서도 누군가는 교훈을 얻어 성공의 발판으로 삼지만, 또 다른 누군가는 좌절과 절망만을 느낀 채 헤쳐 나오지 못하고 더 깊은 수렁 속으로 침잠한다. 누구나 실수할 수 있고, 누구나 실패할 수 있다. 중요한 것은 실수와 실패로부터 깨달음을 배우고, 똑같은 시행착오를 반복하지 않는 것이다.

우리가 정말로 두려워할 것은 실패가 아니라 실패로부터 아무것도 배우지 않는 것이다. 실수나 실패는 누구나 하지만, 실수나 실패로부터 누구나 배우지는 않는다. 위대한 성공의 뒤안길에는 언제나 무수한 실패의 얼룩이 점철되어 있다. 아름다운 성공의 무늬도 따지고 보면 좌절과 절망의 얼룩에서 생겨난 것이다. 실패의 얼룩을 사랑하지 않고는 성공의 무늬를 가질 수 없다. 실패는 걸림돌이 아니라 새로운 도약의 디딤돌이다.

분명한 것은 실패를 경험해보지 않으면 자신의 정체성을 알기 어렵다는 것이다. 실패를 통해 내 정체성의 실체를 제대로 들여다볼 수 있다. 또한 실패는 가능성의 한계를 체험하게 해준다. 한계에 도전하지 않고는 나의 능력이 어디까지인지 알 도리가 없다. 중요한 것은 실패를 하지 않는 게 아니라, 같은 실패를 반복하지 않는 데에 있다. 따라서 실패의 경험이 중요한 것은 이를 반복하는 데 있는 것이 아니라 새로운 도전의 기회로 삼는 데 있다. 니체는 이렇게 말한다(《인간적인 너무나 인간적인》).

"비록 많은 체험을 했을지라도 이후에 그것을 곰곰이 고찰하지 않는다면 무용지물이 될 뿐이다. 어떤 체험을 하든지 깊이 사고하지 않으면, 꼭꼭 씹어 먹지 않으면, 설사를 거듭하게 된다. 결국 아무것도 배우지 못하며 무엇도 자신의 것으로 만들지 못한다."

정상적인 방법만 찾을 것인가

돼지는 평생 하늘을 볼 수 없다. 목뼈 구조상 일정한 각도 이상으로 고개를 들 수 없기 때문이다. 그래서 돼지가 하늘을 볼 수 있는 유일한 방법은 자빠지는 것이다. 넘어지고 자빠지면 하늘이 보인다. 넘어지고 자빠져야 평상시 볼 수 없던 새로운 세계가 보이는 것이다. 이는 필자가 여러 강연에서 종종 인용한 말이다. 정해진 길만 가면 정해진 것 외에는 볼 수 없다. 그 길에서 이탈해야 새로운 것들이 눈앞에 나타난다.

인생의 장애물에 직접 부딪쳐보지 않고 정상에 도달한 사람은 없다. 남다른 성취를 이룬 사람들은 모두 우여곡절과 파란만장한 역경을 극복하고 정상에 도달했다. 그들은 정상의 길만을 고집하지도 않았다. 때로는 비정상적인 길과 비정상적인 방법으로 도전을 감행했다. 어쩌면 상식을 따르지 않고 그 상식에 시비를 건 '몰상식'한 사람들인지도 모른다. 자, 이제 우리도 니체처럼 상식에 시비를 걸자. 그리고 상식에서 벗어나 비정상의 길을 찾아 떠나자.

치료하는 힘이란 우리가 입는 상처에도 있는 법이다. 호기심이 강한 식자들을 위해 출처를 밝히지는 않지만 다음은 나의 오랜 좌우명이다. '상처에 의해 정신이 강해지고 힘이 회복된다.'
— 《우상의 황혼》

> "용기는 가장 훌륭한 살해자다. 공격하는 용기, 그것은 죽음까지도 살해한다. 왜냐하면 용기는 '그게 삶이던가, 그럼 좋다. 다시 한 번!' 이렇게 외치기 때문이다."
> — 《차라투스트라는 이렇게 말했다》

06
독수리의 용기를 가져라

살아가는 데 가장 필요한 것

"용기는 으뜸가는 덕목이다. 다른 덕목은 용기에 의존한다." 윈스턴 처칠의 말이다. 시인 폴 발레리 또한 "용기를 내어 그대가 생각한 대로 살지 않으면 사는 대로 생각한다."고 말한다. 마크 트웨인은 "용기는 두려움을 느끼지 않는 것이 아니라 두려움에 대한 저항이며 극복"이라고 했다. 동양의 유교에도 인간이 지녀야 할 세 가지 덕목으로 지(智)·인(仁)·용(勇)을 든다. 이처럼 용기는 동서고금을 뛰어넘어 인생에서 가장 중요한 덕목 중 하나로 여겨진다.

원래 용기(Courage)의 어원은 라틴어 심장(Cor)에서 유래했다. 그래서 용기를 낸다는 말은 자신의 심장 속 깊이 옳다고 믿는 가치를 행동으로 옮기는 것을 의미한다. 이런 점에서 용기는 소신(所信)과 밀접한 관계가 있다. 사람들의 왈가왈부에 흔들리지 않고 '소신껏 일하는' 사람, 어떤 외압에도 굴복하지 않고 '소신을 굽히지 않는' 사람, 이들을 우리는 용기 있는 사람이라고 한다. 이처럼 용기는 삶의 가치를 잡아주는 중요한 중심축이다. 그렇다면 나의 용기는 어떤가? 나는 심장이 말하는 것을 따라가고 있는가? 혹시나 눈앞의 이해타산으로 소신도 없이 그럭저럭 살고 있지는 않은가. 이런 사람들에게 니체는 독수리처럼 단호한 용기를 가져야 한다고 강조한다.

"형제여, 너희는 용기가 있는가? 너희의 마음은 단호한가? 사람들 앞에서의 용기가 아니라 신마저도 바라봐주지 않는 고독한 자의 용기, 독수리의 용기가 있는가?"

더 큰 용기가 필요하다

니체는 고독한 자의 용기를 강조한다. 남들이 시도하지 않은 일, 많은 위험이 따르는 일, 세상이 가치 없다고 생각한 일에도 과감하게 행동으로 옮기는 고독한 용기인 것이다. 진정으로 용기 있는 사람은 세상의 눈치를 보지 않는다. 내 가슴이 시키는 대로 따라갈 뿐이다. 때로는 자신의 목표가 높아서 위험이 따르기도 한다. 그러나 더 높이 솟아오르려면 당연히 더 깊이 추락할 위험도 감당해야 한다. 큰 용기의 소유자는 쉽게 주저않지 않는다. 독수리의 날개처럼 용기의 날개를 달고 훨훨 날아오르는 꿈만을 꾼다.

니체는 큰 용기를 강조한다. 더 큰 나로 변신하기 위해서는 큰 용기가 필요하다. 여기에는 낡은 나를 과감하게 몰락시킬 수 있는 용기도 포함

된다. 과거의 나에 집착하지 않기 위해서 나를 버릴 수 있어야 한다. 그래야 더 큰 나로 변신할 수 있다. 니체는 소리 높여 이렇게 외친다.

"너에게는 너 자신을 잃고 몰락할 용기가 없다. 그래서 너는 결코 새로워지지 못할 것이다. 우리에게 오늘은 날개, 색, 옷, 그리고 힘이었던 것이 내일은 단지 재가 되어야만 한다."

아직도 많은 것이 가능하다

우리에게는 아직도 많은 일이 가능하다. 그것이 개인의 잠재력(潛在力)이다. 어떤 사람은 자신의 잠재력을 100퍼센트 이상 끄집어내어 세상에 펼쳐놓는다. 또 다른 사람은 자신의 가능성을 10퍼센트도 쓰지 못하고 묻어버리고 만다. 왜 이런 차이가 나는가? 왜 자신의 그 엄청난 능력을 스스로 잠재우고 마는 것인가. 할 것인가 말 것인가 망설이는 가운데 시간은 통곡하며 지나간다. 의미 없이 지나가는 시간만큼 아까운 것이 또 있을까?

우리의 잠재력을 가로막는 것들을 용기로 없애버려야 한다. 그래서 니체에게 용기는 '더없이 뛰어난 살해자'다. 두려움은 물론 슬픔과 아픔, 노여움과 안이함까지도 죽이는 치료제이며, 나를 새롭게 태어나게 하는 환생의 묘약이다. 니체는 "내 안의 용기로 내 밖의 두려운 감정들을 살해하라."고 말한다. 만약 용기가 두려움을 살해하지 않으면 나의 용기가 그 두려움에 살해당하고 만다. 니체는 이렇게 말한다.

"사람은 더없이 용기 있는 짐승이다. 바로 그 용기에 힘입어 그는 온갖 다른 짐승들을 극복할 수 있었다. 진군의 나팔소리로 모든 비통까지도 극복한 것이다. 사람이 겪고 있는 비통이 그 어느 것보다도 심오한 비통이었는데도 말이다."

용기는 인간의 가장 처절한 고통과 비통까지도 극복하게 만든다. 니체는 "존재하는 모든 것들은 자신을 뛰어넘어 그들 이상의 것을 창조해왔다."고 말한다. 운명의 재창조는 지금까지 내 삶을 지배해온 운명에서 스스로 창조하는 운명으로의 변신이다. 니체가 사랑한 차라투스트라도 '자기 보존'이 아니라 '자기 극복'을 통해서 '자기 창조'를 이룩해냈다. 운명을 뛰어넘는 삶, 자기 창조의 삶을 살아가기 위해서는 무엇보다 용기가 필요하다.

형제여, 너희는 용기가 있는가? 너희의 마음은 단호한가? 사람들 앞에서의 용기가 아니라 신마저도 바라봐주지 않는 고독한 자의 용기, 독수리의 용기가 있는가? (…) 독수리의 눈으로 심연을 응시하고 있는 자, 독수리의 발톱으로 심연을 움켜잡고 있는 자, 그런 자가 용기 있는 자다.　　　　　　　　　　　　　　—《차라투스트라는 이렇게 말했다》

"내가 무엇을 창조하든, 내가 그것을 얼마나 사랑하든, 나 곧 내가 창조한 것과 나의 사랑에 대적하는 적이 되지 않을 수 없다. 그렇게 되기를 나의 의지가 원하고 있으니…."
— 《차라투스트라는 이렇게 말했다》

07
바위보다 더 단호해져라

나는 왜 이토록 연약한가?

유약한 나에 번번이 실망하는가. 그렇다면 다시 한 번 단호해져야 한다. 가슴이 시키는 대로 저지르는 것이다. 단호함이 없다면 이런저런 고민만 쌓일 뿐이다. 가슴으로 느낀 결심을 머리로 생각하는 순간 복잡한 계산이 시작된다. 이해타산을 따지며 각박한 현실을 탓한다. 그럴수록 단호해지기란 더더욱 어렵다. 새롭게 변신하고 싶다면 단호해져라! 가슴의 느낌이 머릿속 생각으로 올라가기 전에 저질러라. 머리는 가슴을 식어버리게 만든다. 가슴속이 후끈하게 달아올랐을 때 화끈하게 저질러야 후회하지 않는다. 머릿속의 복잡한 사고 프로세스를 거치면 뜨겁던 가슴도 이내 식어버린다. 그렇게 한번 식어버린 가슴을 다시 달아오르게 하려면 또 많은 시간을 기다려야 한다.

　가슴으로 내린 단호함에는 따뜻함이 배어 있다. 반대로 머리로 내린 단호함에는 냉기가 감돈다. 머리로 생각하면 이런저런 계산으로 잔머리가 돌아가지만, 가슴으로 생각하면 진정으로 공감한다. 파스칼은 '심장은 이성으로 이해할 수 없는 분별력을 갖고 있다'고 말한다. 따뜻한 가슴으로 생각해야 차가운 머리가 알아차리지 못한 아픈 부분을 어루만질 수 있다.

창조하는 자는 단호하다

　단호한 결정은 가슴으로 생각할 때 나온다. 단호함은 합리적인 분석이 아닌 직관적인 직감(直感)에서 나오기 때문이다. 따라서 체험적 느낌이 많은 사람일수록 단호하게 결정하고 적극적으로 추진한다. 니체는 이렇게 말한다.

　"너희는 운명을, 냉혹함을 원하지 않는다고? 그렇다면 너희는 어떻게 나와 더불어 승리할 텐가? 너희의 단호함이 번개를 내려치고 쪼개고 갈기갈기 찢어버리기를 원하지 않는다면, 너희는 어떻게 나와 더불어 창조하려는가? 모든 창조자들은 단호하다."

　니체는 왜 단호함을 강조하는가? 그것은 바로 위버멘쉬로 변신하기 위해서다. 위버멘쉬는 디오니소스적 광기의 화신이다. 무엇보다 디오니소스적 인간은 단호하다. 그는 역동적이고 열정이 살아 있으며, 무엇보다 자신의 직관과 직감에 충실하다. 그래서 모든 것에 단호하다. 반대로 단정(端正)하고 엄격하며, 질서와 조화를 중시하는 아폴론적 인간은 이성적 논리와 합리를 중시하기 때문에 단호한 결단을 내리기까지 오랜 시간이 걸린다. 이런 점에서 니체의 차라투스트라는 디오니소스적 인간이다.

니체는 아폴론적 인간과 디오니소스적 인간을 결합해 예술적 균형을 찾으려고 노력했다. 하지만 니체 철학의 핵심은 디오니소스적 절대긍정에 있다. 비극과 몰락에서도 다시 삶의 희망을 건져내는 디오니소스적 인간은 슬픈 자에게 기쁨의 미소를 건네주고, 절망한 자에게 희망의 끈을 던져주며, 상심한 자에게 위로의 손길을 보내주는 인생 역전의 길잡이다.

행복은 단단함 위에 세워진다

눈에 보이지는 않지만, 절망의 먹구름 속에는 언제나 희망의 태양이 숨어 기다리고 있다. 이 단순한 진리를 알고 있는 자에게 좌절은 없다. 미래가 어둡고 불확실하다고 해서 인생이 끝났다고 생각하는가. 어둠 속에 가려 있는 내일의 태양을 믿어라! 그리고 일어나 출발하라. 시작하지 않으면 아무것도 시작되지 않는다. 큰 뜻을 품었다면 우선 길을 떠나야 한다. 떠나야 꿈의 목적지에 도달할 수 있다.

다만 꿈의 목적지로 향하는 여정에서 장애물에 걸려 넘어질 수도 있고, 예기치 못한 복병을 만나 좌절할 수도 있다. 그렇더라도 다시 일어나 걸어라! 단호함은 절망을 경험해본 사람만이 발휘할 수 있는 체험적 직감이다. 단호함은 하면 된다는 자신감과 안 돼도 다시 하면 된다는 단순함의 합작품이다. 단호하게 결정하고, 과감하게 행동하기 위해서는 주변의 변수를 극도로 단순화해야 한다. 의사결정 과정에 변수가 많을수록 단호해지기 힘들다. 변수가 또 다른 변수를 만나 복합작용을 일으키면서 의사결정은 뒤로 미루어지고 결국 결론 없이 끝나버리고 만다. 우리의 인생은 단호함을 동력으로 움직인다. 일이든 사랑이든 단호하게 의지할 때 인생의 방향 또한 바꿀 수 있다. 슬픔을 기쁨으로, 위기를 기회로, 절망을 희망의 방향으로 바꿔주는 키가 단호함이다. 그래서 니체는 이렇게 말한다.

"행복은 단단한 광석 위에 글을 새기듯 수천 년의 의지 위에 새겨진다. 그것은 광석보다 더 단단하고 더 고귀하다. 가장 고귀한 것만이 온전히 단단하다."

네 머리와 네 심장을 모두 넘어서라! 이제 너의 가장 부드러운 부분이 가장 단단한 부분으로 바뀌어야 한다. 자신에게 너무 너그러운 사람은 그 너그러움 때문에 병이 든다. 찬양하라. 우리를 단호하게 만드는 것을!　　　　　　　　　　　— 《차라투스트라는 이렇게 말했다》

"맛없게 이야기한 사람은 허세와 과장된 표현을 사용한다. 이것은 듣는 사람의 흥미를 불러 일으키기 위해서다. 듣는 사람도 그 의도와 저속함을 느낄 수 있다. 다른 한 사람은 진심어린 흥미를 갖고 그것을 성실하게 이야기한다. 거기에는 약삭빠른 행위가 없다. 따라서 듣는 사람은 그것에 진지함을 느끼고 화자가 가지고 있는 흥미 그 자체를 자신도 받아들이기 위해 상상력을 발휘해 듣는다."

―《선악을 넘어서》

08
어렵고 복잡할수록 명료하라

모를수록 복잡하게 말한다

무엇이든 어렵게 설명하는 사람들이 있다. 설명이 어렵다는 것은 제대로 알고 있지 못하다는 또 다른 반증이다. 제대로 아는 사람은 쉽고 간결하게 설명한다. 아무리 복잡한 문제도 사람들이 쉽게 이해할 수 있는 언어로 말한다. 반대로 쉬운 것도 어렵게 설명하는 사람들이 있다. '지식의 저주'라는 말처럼 특히 전문가들의 설명이 그렇다. 많이 아는 사람일수록 그렇지 않은 사람의 마음을 모른다는 지식의 저주, 오랫동안 한 분야에만 몰두한 전문가들일수록 지식의 저주에 쉽게 빠진다.

전문가들은 자신만이 아는 전문용어를 주로 사용하다보니 더 어렵게 설명한다. 현란한 수사적 기교로 표현하는 경우도 많다. 놀랍게도 이들은 평범한 사람들이 자신의 전문성을 쉽게 이해하지 못하는 것을 오히려 이해하지 못한다. 문제의 원인이 자신에게 있다는 것을 알아채지 못하는 것이다. 왜 이런 상황이 벌어질까? 많은 경우 전문가들은 자신의 분야 이외에는 특별한 관심도 없고 이해력도 떨어지는 편이다. 그렇다보니 자신에게 익숙한 용어로 설명하는 것이 편하지만, 일반인들은 도무지 공감하기가 어렵다. 소문난 잔치일수록 먹을 게 없는 것처럼, 화려하고 그럴 듯하지만 정작 알아들을 수 없는 전문용어의 나열뿐인 경우가 많다. 그 안에는 내용의 명료함도, 메시지의 진정성도 담겨 있지 않다. 니체의 말처럼 자신의 지식을 뽐내려는 허세와 교만함이 느껴질 뿐이다.

단순함은 치열함의 결과다

레오나르도 다빈치는 '단순함은 궁극의 정교함이다'라고 말한다. 단순함은 치열함의 결과다. 그래서 명료하다. 문제의 핵심을 파고드는 치열함 없이 명료함을 얻기란 어렵다. 무엇이든 뚫어질 때까지 관찰해야 통찰력이 생긴다. 그리고 통찰력이 있어야 새로운 돌파구가 뚫린다. 단순함은 생각이 단순하다고 해서 생겨나는 것이 아니다. 생각은 복잡하지만 수많은 사고의 과정을 거치면서 문제의 핵심만 남겨놓고 모두 걷어낼 때, 비로소 본질만 남는 것이다. 이런 과정을 거친 뒤에 남은 본질은 명쾌하고 단순할 수밖에 없다. 따라서 진정한 실력자라면 핵심과 본질을 드러내는 단순 명쾌한 원리를 추구한다. 공감이 가는 일상적 사례를 들면서 핵심과 본질을 쉽게 설명할 수 있는 메타포나 비유법을 적극적으로 활용한다. 반면에 어설픈 실력자는 문제의 핵심이 아닌 주변을 집중적으로 공략한다. 열심히 일은 하는데 매번 꼬인 실타래처럼 복잡해지는 이유가 여기에 있다. 이럴 때는 다시 원점으로 돌아가라. 그리고 다시 일의 본질적인 가치가 무엇인지를 생각하라. 일의 전후좌우 맥락과 배경을 꼼꼼히 살펴보는 것이다. 엉뚱한 방향에서 쓸데없이 고민하고 있었던 것인가? 혹시 중심을 못 찾고 주변만을 헤매고 있었던 건 아닌가? 다시 강조한다. 원점에서 본질을 파악하는 것이 명료하게 일할 수 있는 지름길이다.

니체처럼 단순화하라

한 권의 책이 누구에게는 단번에 빨려들 정도의 흥미를 줄 수 있지만, 다른 누군가에게는 별다른 감동도 주지 못할 수 있다. 이것은 각자의 마음속 위기의식이 다르기 때문이다. 책은 마음속의 위기의식에 따라 가깝게도, 또는 멀게도 느껴질 수 있다.

니체는《차라투스트라는 이렇게 말했다》의 부제를 '만인을 위한, 그러나 그 누구를 위한 것도 아닌'이라고 정했다. 만인을 위한 책이지만, 모든 사람이 이해할 수는 없는 그 책이《차라투스트라는 이렇게 말했다》이다. 이 책은 자기 극복의 의지를 통해 변신하는 삶을 시도하는 사람들에게는 구절구절이 명언이다. 하지만 책이 출간됐을 당시에는 큰 주목을 받지 못했다. 그래서 니체는 지금 당장 독자들이 이해하지 못한다고 해도 300년은 기다려야 한다고 스스로를 위로했다. 그의 말처럼 정말로 이 책은 오랫동안 독자들로부터 꾸준하게 사랑받는 고전 중의 고전이 되었다. 시대가 바뀌고 세상이 바뀌었어도 사람들이 끊임없이 이 책을 읽는 이유는 무엇일까? 그것은 인간이라면 누구나 고민하는 보편적 문제를 니체의 언어로 '단순하게' 표현했기 때문이다.

니체의 핵심 메시지는 단순하고 명쾌하다.

"운명조차도 사랑하라, 자기 변신을 거듭하라, 낡고 병든 삶을 망치로 때려 부숴라, 자신의 미래를 건축하라, 고통도 긍정하라."

니체는 자신이 체험을 통해 깨닫지 않은 말은 내뱉지 않는다. 그는 치열한 고뇌와 자기와의 처절한 전투를 통해서 체득한 진리의 메시지만 전달한다. 그래서 니체 철학을 생(生)철학이라고도 한다. 심오하지만 단순하고, 다양한 목소리로 열정적으로 주장하지만 일관된 울림을 주고 무엇보다 명쾌하다. 니체는 방황할 때도 흔들리지 않고 자신이 가고자 하는 방향을 분명하게 설정했다. 이런 명료함은 단순함에서 비롯된다. 명료한 것은 결코 복잡하거나 모호하지 않다. 복잡하게 표현한다는 것은 사물의 본질과 핵심을 잘 모른다는 반증이다. 장황함과 모호함을 모조리 걷어냈을 때 비로소 남는 것이 단순함이며, 단순함은 명료함이 추구한 궁극의 결과다.

'단순함의 완벽함이란 더 이상 보탤 게 남아 있지 않을 때가 아니라 더이상 뺄 게 없을 때 완성된다.' 생텍쥐페리의 말이다. 모든 일이 복잡할수록 니체처럼 단순화하라. 그것이 일의 핵심이다.

심오한 척하는 사람들만이 모호함을 위해 애쓰며, 실제로 심오한 사람은 명료함을 위해 애쓴다. 문제는 풍성함이다. ─《차라투스트라는 이렇게 말했다》

09
뛰어난 경쟁자를 만나라

품격 있는 경쟁을 하라

개인도, 조직도 더 이상 경쟁자를 찾을 수 없을 때 퇴보하기 시작한다. 그래서 역동적인 삶을 위해서는 반드시 경쟁자가 필요하다. 다만 그럴 만한 가치가 있는 경쟁자이어야 한다. 니체는 수많은 적들 중에서 증오할 만한 가치가 있는 적만을 갖되, 경멸스러운 적은 갖지 말라고 들려준다. 증오할 만한 가치가 있는 적이란 무엇인가? 증오는 사무치게 미워하는 마음, 원한이나 고통이 뼛속 깊이 파고들 만큼 미워하는 감정이다. 그런데 누군가를 증오한다는 것은 한때 열렬히 사랑했다는 것의 반증이기도 하다. 그만큼 상대에게 크든 작든 관심을 주었다는 의미다. 관심조차 없는 사람에게 증오의 감정을 느끼기는 어렵다. 따라서 증오할 만한 적이란 대등한 경쟁자로서 최소한의 자격은 이미 갖추었음을 의미한다.

흔히 우리는 경쟁을 승리의 과정으로 생각한다. 그러나 경쟁은 단순히 승리만을 위해서 벌이는 결투가 아니다. 우리는 대등한 경쟁자와의 경쟁을 통해서 보다 높은 경쟁력을 갖추기를 원한다. 그러려면 서로를 한층 업그레이드된 모습으로 변신시켜주는 전쟁을 일으켜야 한다. 그것이 좋은 경쟁이다. 이런 의미에서 경멸의 대상은 좋은 적이 될 자격이 없다. 경멸할 만큼 낮은 수준의 경쟁자와는 품격 있는 경쟁을 기대할 수 없으며, 오히려 나의 수준까지도 깎아내리기 때문이다.

새로운 경쟁자를 찾아라

따라서 나에게 적합한 경쟁자를 찾아내는 지혜 또한 필요하다. 니체는 좋은 경쟁을 하려면 우선 경쟁자를 엄격하게 선별하라고 말한다. 지금 나에게는 어떤 경쟁자가 있는가? 그 경쟁자와 멋진 경쟁을 원하는가? 그렇다면 품격 있는 전쟁을 하라. 품격 있는 적과의 경쟁은 나의 품격도 높여준다. 이런 경쟁이야말로 끊임없이 지금의 자신을 극복할 수 있는 배움의 과정이다.

또한 오늘의 전쟁에서 승리했다고 해서 경쟁력이 지속되는 건 아니다. 급속한 변화 흐름에 따라 새로운 경쟁자를 지속적으로 찾아내야 한다. 그때그때 나에게 걸맞은 새로운 상대를 지속적으로 찾아내는 것 또한 나의 능력이다. 지금의 상대가 내일의 상대로 이어질 수는 없다. 오늘의 전쟁에서 승리했다면 내일은 내일의 경쟁에 걸맞은 새로운 상대가 필요하다. 걸맞은 상대와의 경쟁을 통해서 나의 품격이 날로 높아지기 때문이다. 그렇지 않고서는 경쟁력을 향상시켜 지속적인 성장을 도모할 수 없다. 무조건 싸울 것이 아니라, 그에 걸맞은 상대를 찾아 분투하는 것이

나의 에너지를 낭비하지 않는 일이다. 니체는 차라투스트라의 입을 통해 이렇게 말한다.

"너희들은 너희들에게 걸맞은 적을 찾아내어 일전을 벌여야 한다. 너희들의 사상을 위해! 설혹 전쟁에서 너희들의 사상이 패배하더라도 너희들의 성실성만은 그에 굴하지 않고 승리를 구가해야 하리라!"

경쟁심보다 경쟁력을 갖춰라

경쟁력은 좋은 경쟁을 통해서 향상될 수 있다. 여기서 좋은 경쟁이란 경쟁할 만한 상대와의 경쟁을 말한다. 니체는 계속해서 '존중할 만한 적을 찾아라'고 말한다. 즉, 경쟁할 만한 상대는 나의 잠재된 저항 의식을 한껏 끌어올려주기 때문에 반드시 필요하다. 이런 저항 의식을 통해서 개인의 경쟁력은 한층 더 높아질 수 있다.*

니체는 경쟁에서 반항보다 저항(抵抗)을 체험하라고 강조한다. 경쟁을 통한 저항이란 바닥으로 떨어져도 좌절하지 않고, 힘차게 딛고 일어서는 에너지를 만든다. 그럼으로써 저항은 오히려 근본을 뒤바꾸는 성찰의 기회가 되기도 한다.

> 벗들이여, 한층 품격 있는 적을 위해 너희 자신을 아껴두어야 한다. 그러기 위해서라도 웬만한 사람들은 거들떠보지 말고 그냥 지나가야 할 것이다. ―《차라투스트라는 이렇게 말했다》

---

*저항은 근본을 뒤바꾸는 혁명을 꿈꾸지만, 반항은 근본을 외면한 채 탈주만을 꿈꾼다. 저항은 바닥을 박차고 일어서지만, 반항은 벽에 기대어 일어선다. 기댈 때가 없을 때 저항은 힘을 갖지만, 기댈 때가 있어야 반항은 힘을 발휘하기 때문이다. - 김소연, 《마음사전》

"무언가 한 가지 능력만 있는 사람들, 그래서 누구는 귀로, 누구는 입으로 알려졌으며, 누구는 눈으로, 누구는 다리로 전문가가 되었다."

—《차라투스트라는 이렇게 말했다》

10
맹목적인 전문가는 되지 마라

한 가지만 알면 불구다

우리는 지금껏 '전문가가 되라'는 말을 끊임없이 들어왔다. 현대사회로 갈수록 분업화, 전문화되는 흐름 속에서 오직 전문가만이 생존경쟁에서 유일하게 살아남는 역량이라는 것이다. 그런데 니체는 전문가가 된다는 것에 문제를 제기했다.

니체는 하나밖에 모르는 전문가의 맹점을 지적한다. 그의 말처럼 전문가는 한 가지 능력에 전문적이고 다른 분야에는 문외한인 경우가 많다. 귀로 전문가가 된 사람은 코를 모를 수 있고, 입으로 전문가가 된 사람은 손발로 실천하기 어려울 수 있다. 또 눈으로 전문가가 된 사람은 남다르게 보는 능력은 뛰어나더라도, 귀로 듣는 데는 치명적인 약점을 보일 수 있다. 이런 전문가의 문제는 조직생활에서도 찾아볼 수 있다. 많은 경우 자신의 업무에는 뛰어난 전문가이지만, 다른 동료나 부서의 업무에 대해서는 별 관심도 없고 알지도 못한다. 그런데 나의 전문성만으로 전체적인 일을 완성할 수는 없다. 또 나의 전문성이 모든 분야의 능통함을 의미하지도 않는다. 많은 경우 일이란, 수많은 사람들의 각자 분야가 모여서 하나의 전체를 이루면서 진행되기 때문이다. 따라서 전체에 대한 폭넓은 이해 없이 일의 완성이란 없다. 전체에 대한 이해는 얕고, 부분에 대한 분석이 깊을수록 전체는 미궁으로 빠진다. 따라서 전문성을 갖추기 이전에 전체의 흐름부터 이해해야 한다. 이런 전문가들이 모여서 완전한 전체를 이루는 것이다. 이제는 한 분야의 전문가는 필요하지 않다. 한 분야의 전문가를 넘어서 전체를 보는 통합적 전문가가 필요한 시대다.

전문가를 믿지 마라

교수이자 작가로 활동하는 데이비드 프리드먼(David Freedman)은 자신의 책《거짓말을 파는 스페셜 리스트》서문을 통해 이런 말을 남겼다.

'비록 우리들 중 많은 이들이 여전히 그들에게 의존하고 계속 그들의 조언을 구하고 있지만, 우리는 전문가에 대해 깊은 좌절감을 맛보는 시대에 살고 있는 것 같다.'

어떤 문제나 위기에 직면했을 때, 우리는 전문가를 찾아 그들의 조언을 듣고자 한다. 그래서 '전문가에 따르면'이라는 말을 너무 믿고 따른다. 그러나 데이비드 프리드먼은 전문가를 너무 믿지 말라고 말한다. 왜 그럴까? 전문가는 자신의 분야에만 전문가인 경우가 많다. 누군가에게 조언을 한다고 해도 자신의 전공 분야를 벗어나는 주제나 이슈에 대해서는 일반인들보다 오히려 모르는 전문가가 흔하다.

지금까지 어떤 시대적 상황이나 미래를 예측하는 데 있어서 분야별 전문가들의 조언은 크게 신뢰를 주지 못했다. 수많은 전문가들의 조언은 단편적이거나 현실에서 벗어난 내용이 많다는 게 프리드먼의 주장이다. 전문가가 모든 분야에서 능통할 수는 없다. 또한 그 전문성의 수준이 높으면 높을수록 다른 분야의 전문성을 이해하기란 더욱 어렵다. 그런데도 우리는 어떤 문제 상황에서 쉽게 전문가들의 의견에 매달리려고 한다. 여기서 한 가지 분명하게 알아야 할 것이 있다. 바로 특정한 분야의 문제는 해당 분야만의 문제로만 발생하지 않는다는 점이다. 한 가지 문제는 여러 가지 배경의 문제들이 포함되어서 발생한다. 즉 인접한 다른 분야의 문제가 쌓이면서 해당 문제와 복잡하게 얽혀서 일어나는 것이다. 따라서 한 분야의 전문가적 경험과 지식으로 해결하기에는 무리가 있다. 오히려 한 가지 전문성으로 처방을 내릴 경우 심각한 후유증이 뒤따른다.

진리는 휘어져 있다

전문가는 각고의 노력 끝에 현재의 위치까지 올라섰다. 이들이 전문가적 통찰력을 갖기까지 그 과정에는 숱한 노력의 역사가 숨어 있다. 이런 전문가들일수록 조심해야 할 것이 있다. 바로 좌정관천(坐井觀天)형 지식인의 오류다. 즉 바다를 모르는 우물 안 개구리 같은 전문가가 되지는 말아야 한다. 더불어 사람들에 대한 관심과 배려를 아끼지 않아야 한다. 절박한 상황에서 도움을 기다리고 있는 사람들에게 자신의 전문지식으로 도움을 주는 일에 최선을 다해야 한다. 일반인이 접근하기 어려운 사회적 문제를 해결하는 과정에 발 벗고 나서야 하며, 자신들이 무심코 던진 한마디가 엄청난 사회적 파장을 일으킬 수 있다는 사실 또한 명심해야 한다. 또한 전문가의 의견은 보편타당한 진리(眞理)보다는 그 사람만의 일리(一理)인 경우가 많다. 더 나아가 특정한 이해관계를 옹호하는 권력의지의 산물일 수도 있다. 그래서 니체는 '모든 진리는 휘어져 있다'고 말한다. 올바른 진리가 아닌 누군가의 영향권에 휘둘린 진리라는 것이다. 그렇기 때문에 전문가라면 더더욱 진실에 앞장서야 한다.

전문적인 게 뭐가 문제냐고? 많이 알고 있는 게 잘못이냐고? 한 가지 능력만 키우느라 여러 가지 능력을 퇴화시킨 것, 그것이 문제인 것이다. ―《차라투스트라는 이렇게 말했다》

"젊은이는 가능한 한 이른 시기에, 진정한 실력에 의해 높은 차원에 이른 사람, 공로가 있는 사람을 찾아내 그와 교제해야 한다. 그러면 지금까지 자기만족적인 교만과 알맹이 없는 겉치레, 허세, 오만 따윈 순식간에 사라지고 자신이 지금 무엇을 해야 하는지가 눈앞에 보일 것이다."

— 《인간적인 너무나 인간적인》

11
창조적인 우정을 나눠라

위대한 우정은 연민 이상의 것

니체가 말하는 진정한 우정이란 서로에게 기쁨을 주며 서로를 변신시켜주는 관계다. 그래서 니체는 이렇게 말한다.

"은자에게 벗은 언제나 제3의 인물이다. 이 제3의 인물은 마치 코르크와 같아서 두 사람의 대화가 심연으로 가라앉지 않도록 막아준다."

코르크와 같은 친구란 무엇인가. 대화가 심연으로 가라앉지 않도록 서로를 도와주고, 시련에 처해 있어도 든든한 후원자가 되는 관계다. 이런 우정은 시련 앞에서도 스스로 빛을 찾아 나오도록 도와준다. 니체의 말처럼 우리는 친구를 통해 변화하고, 또 나의 모습을 바라본다. 그러므로 어떤 친구를 사귀느냐 하는 것은 곧 내 자신이 어떤 사람인가를 말해준다. 또한 진정한 우정은 문제에 대한 정답을 찾아주기보다는 가장 현명한 해답을 찾도록 함께 고민하고 모색해준다. 정답을 찾아주는 관계는 입안의 사탕처럼 금방 녹아 없어진다. 비록 시간이 걸리고 힘들지만 서로에게 힘이 되고 현답을 찾아가는 관계가 니체가 말하는 창조적인 우정이다.

나의 벗을 새롭게 창조하라

힘들어하는 벗에게 쉼터를 제공해주는 것은 좋은 일이다. 그런데 너무 편안한 장소를 마련해주면 그곳에 주저앉거나 안주할 수 있다. 니체는 그것보다 딱딱한 야전침상이 있는 쉼터를 제공하라고 말한다《차라투스트라는 이렇게 말했다》).

"고뇌하고 있는 벗이 있다면, 너는 그의 고뇌가 쉴 수 있는 쉼터가, 그러면서도 딱딱한 침상, 야전침상이 되어주어야 한다. 그렇게 함으로써 너는 그에게 더없이 큰 도움이 될 것이다. 그리고 벗이 있어 네게 몹쓸 짓을 하면 말하라. '나는 네가 내게 한 짓을 용서한다. 그러나 네가 네 자신에게 그런 짓거리를 했다면 내 어찌 그것을 용서할 수 있으랴!'"

삶의 전쟁에도 휴식이 필요하다. 전열을 가다듬고 상대의 전략을 읽고 대응 전략을 새롭게 수립하고, 그리고 잠시라도 잠자는 시간은 꼭 필요하다. 그런 시간에 새우잠을 청할 수 있는 곳이 바로 야전침대다. 야전침대는 평온한 집에 있지 않고 뜨거운 격전의 현장에 있다. 삶을 전쟁으로

유라투스트라는 이렇게 말한다

생각하는 사람의 마음은 집안의 안락한 침대에 있지 않고 치열한 전쟁터의 야전침대에 있다. 야전에서 전쟁을 치루는 벗을 위하는 방법은 무엇인가? 바로 그 벗과 멋진 전쟁을 치루는 것이다. 서로를 더 나은 존재로 만드는 전쟁, 서로를 변신시켜주는 최고의 전쟁! 그래서 니체는 말한다.

"위대한 사랑은 한결같이 연민 이상의 것이다. 위대한 사랑은 그 자신이 사랑할 자까지 창조하기 때문이다."

진정으로 벗을 사랑한다면 벗을 새롭게 창조하고 끊임없이 그 벗을 변신시키는 전쟁을 치러야 한다. 그런 벗과의 전쟁이 나 자신도 변신시키는 계기가 되기 때문이다. 단순히 벗에게 동정심을 보이거나 연민의 정을 느낀다면 도움이 되지 않는다. 벗의 아픔에 동정심을 갖거나 연민의 정을 표현하는 수준을 넘어 그 아픔을 딛고 일어선 벗에게 마음을 다해 축하의 박수를 보내야 한다.

창조하는 자가 찾고 있는 것은 송장이 아니라 친구다. 무리나 추종자가 아니다. 창조하는 자는 더불어 창조할 자, 새로운 가치를 새로운 판에 써넣을 친구를 찾고 있는 것이다.
— 《차라투스트라는 이렇게 말했다》

12
예술가처럼 놀면서 일하라

놀이하듯 재미있게 일하라

예술가들은 놀랍게도 일의 모든 과정을 하나의 놀이로 생각한다. 놀이는 익숙한 것을 낯선 것으로 바꾸는 것이다. 그 낯선 만남이 다른 것들과의 공감을 이룬다. 따라서 예술은 나와 사물, 나와 다른 사람과의 공감을 나누는 신명(神冥)이며 공명(共鳴)이다.

놀이는 곧 예술의 출발이다. 예술은 즐겁게 노니는 가운데 일어나는 창작 활동이다. 예술은 놀이 충동에서 시작되고, 창조는 유희 충동과 함께 발현된다. 일에는 시작과 끝이 존재하지만, 놀이는 정해진 끝이 없다. 언제나 어제와 다른 시작만이 있다. 오늘 하던 놀이의 끝에 어제와 다른 시작만이 있을 뿐이다. 놀이는 언제나 정해진 상태, '명사'로 존재하지 않고 낯선 시작과 모험을 즐기는 '동사'로 변신을 거듭한다. 놀이하는 인간, 호모 루덴스(Homo ludens)가 삶을 예술로, 예술을 삶으로 만든다.

예술가처럼 낯설게 느껴라

에른스트 슈마허(Ernst Schumacher)의 말을 하나 살펴보도록 하자.

'예술가는 특별한 인간이 아니라 모든 인간이 특별한 인간이다.'

예술가는 익숙한 것도 낯설게 느끼는 데 탁월한 능력을 지녔다. 우리는 본래 예술가의 눈과 마음을 갖고 태어났다. 그런데 반복되는 일상 속에 파묻혀 살다보니 예술가적 능력을 잃어버렸다. 낯설게 느끼는 감각이 사라져버린 것이다. 하지만 우리의 삶은 본래 예술이다. 삶의 순간순간이 모두 경이로운 예술작품이다. 우리가 잃어버린 감각을 회복하고 일상의 것들에 관심을 기울이면 작은 감동도 찾아온다. 만나는 모든 사람과 사물들도 특별하게 보인다. 모든 것에는 희로애락의 사연이 담겨 있다. 우리가 이들의 소리에 귀 기울이지 않고, 눈여겨보지 않았기 때문에 들리지 않고 보이지 않은 것뿐이다.

예술은 새로운 것을 창조하는 행위가 아니다. 그보다는 익숙한 것을 낯설게 보여주는 활동이다. 늘 거기에 있지만 누구도 주목하지 않던 것들을 낯설게 보여주는 것이다. 그래서 예술은 당연한 세계가 당연하지 않음을 보여주는 낯설음의 향연이다. 시인은 사물이 말하는 것을 언어로 옮긴다. 화가는 사물의 속삭임을 그림으로 표현한다. 음악가는 세상의 절규를 악보로 옮겨 작곡한다. 시인이든 화가든 음악가든 모든 예술가는 상투성에서 벗어나 상식의 세계에 시비를 거는 사람들이다. 예술가는 사물과 하나가 되어 그들의 세계로 들어간다. 그래서 그들과 함께 보고 듣고 느끼는 것들을 색다른 방식으로 펼쳐 보인다. 자신들의 예술작품을 통해서 예술가들은 사물의 사연을 사람들에게 전달하는 역할을 한다.

어린아이처럼 보고, 어린아이처럼 웃어라

다시 낙타와 사자 이야기로 돌아가 보자. 모든 짐을 짊어지고 묵묵히 걸어가는 낙타에서 현실을 부정하며 자유를 갈망하는 사자로의 변신. 사자는 으르렁대며 현실에 반항했지만 진정 자신이 무엇을 원하는지 깨닫지 못한 채 싸우는 전사일 뿐이다. 목적도 없이 전투만을 반복하는 사자에게 니체는 어린아이로 변신하라고 말한다. 그러고는 "웃어라. 싱글벙글 웃어라. 마음이 이끄는 대로 어린아이처럼 기뻐하라."고 요구한다. 세상을 바꾸는 것은 사자의 으르렁거림이 아니라 아이의 천진난만한 웃음이기 때문이다. 사자의 무기는 으르렁거림이지만, 아이의 무기는 웃음이다. 사자에게는 힘든 전투가 아이에게는 신나는 놀이다. 니체는 좀 더 구체적으로 이렇게 말한다《인간적인 너무나 인간적인》).

"가끔은 등을 굽히고, 가능한 한 자세를 낮추듯 웅크리고 앉아 풀과 꽃, 그 사이를 춤추는 나비를 가까이서 바라보라. 지금껏 그저 멀리서 내려다보기만 했던 그곳에 풀과 꽃, 곤충이라는 또 다른 세계가 있다. 어린아이가 매일 당연한 듯 보고 있는 세계의 모습이 펼쳐져 있다."

니체의 말처럼 어린아이처럼 보면, 어린아이처럼 웃게 된다. 어린아이가 당연시 여기는 그 세계 속에는 우리가 잊고 지낸, 혹은 무관심하게 흘려보낸 감동과 유희가 숨어 있다. 그리고 그 세계 속에 존재하는 감동과 유희는 위대한 창조의 씨앗이다. 창조에는 노력도, 성실도, 끈기도 모두 중요하다. 그러나 어린아이의 신선한 긍정, 즉 즐기는 마음을 따를 수는 없다.

인간은 노래하고 춤추면서 보다 높은 공동체의 일원임을 표현한다. 그는 걷는 법과 말하는 법을 잊어버리고, 춤추며 허공으로 날아오르려 한다. 그가 마법에 걸려 있음이 그의 몸짓에 나타난다. ―《비극의 탄생·반시대적 고찰》

"과거에 얽매이고 아래에 있는 인간과 비교해 자신을 칭찬하지 마라. 꿈을 즐거운 듯이 입으로만 내뱉을 뿐 아무 노력도 하지 않고 그럭저럭 현재에 만족하며 주저앉지 마라. 쉬지 말고 앞으로 나아가라. 보다 높은 곳을 향해 나아가라!"

— 《차라투스트라는 이렇게 말했다》

13
그만 생각하고 바로 행동하라

이제는 행동하는 갈대다

머릿속에 아무리 많은 지식이 들어 있어도 행동하지 않으면 무용지물이다. 그러나 하나를 알더라도 행동에 옮기면 열 가지 이상을 배울 수 있다. '생각하는 갈대'를 넘어서 '행동하는 갈대'가 되어야 하는 이유가 바로 그것이다. 시작은 곧 행동이다. 시작하지 않고는 그 누구도 목적지에 도달할 수 없다.

니체의 말처럼 늘 머릿속으로 꿈만 꾸며 주저앉아 있는 사람은 아무것도 이룰 수 없다. 어떤 길을 갈 것인지 단호하게 판단을 내렸다면 이제 용기 있게 행동해야 한다. '72대 1의 법칙'이 있다. 마음먹은 일을 72시간, 즉 3일 이내에 행동으로 옮기지 않으면 성공할 확률이 1퍼센트도 안 된다는 의미다. 우리는 결심은 쉽게 하고 행동은 어렵게 한다. 예컨대 '내일부터 운동해야지!' 하고 각오를 다진다. 그런데 다음날이 되자 비가 오는 게 아닌가. 그때부터 우리는 자기합리화의 유혹에 빠진다. 비가 오니까, 추우니까, 감기 기운이 있어서, 약속 때문에 등등 우리를 유혹하는 자기 합리화의 근거는 무수하다.

이처럼 다짐한 것을 즉시 실천하지 않고 핑계를 대면서 유예시간을 가진다. 하지만 '다음'에 '다시' 하겠다는 것은 하늘의 별을 따겠다는 것만큼 무모한 생각이다. 결심한 것을 실천에 옮기는 과정에는 수많은 장애물이 훼방을 놓는다. 의외의 복병도 숨어 있다. 훼방꾼들이다. 그들을 물리치기 위해 생각을 멈추고 바로 행동하는 실천이 필요하다.

시작(始作)해야 시원(始原)을 만난다

시작하지 않고서 이룰 수 있는 일은 없다. 그렇다면 시작은 어떻게 하는가. 그냥 시작하는 것이다. 많은 사람들이 시작하기 위한 방법에 필요 이상으로 매달린다. 어떻게 시작하는지, 어떤 시작이 효과적인지, 완벽하게 시작하는 방법이 무엇인지 등…. 하지만 완벽한 시작이란 따로 없다. 평생 준비만 하다가 인생을 끝내고 싶다면 모르지만….

시작에는 특별한 방법이 존재하지 않는다. 생각이 많을수록 아무것도 이룰 수 없다는 말은 괜한 소리가 아니다. 바로 행동의 중요성을 잊지 말라는 뜻이다. 시작(始作)이 두렵다면 아예 시작하지 않으면 된다. 시작하지 않으면 시험(試驗)도 시련(試鍊)도 따르지 않는다. 얼마나 편안한 삶인가. 하지만 시험과 시련을 견디지 않고서는 위대한 시금석은 가질 수 없다는 것을 기억하기 바란다. 늘 제자리걸음뿐인 인생이 우리에게 가져다주는 것은 몰락뿐이다.

시험과 시련을 견뎌낸 사람만이 마침내 꿈의 목적지인 시원(始原)에 도달할 수 있다. 그리고 나만의 시원에 닿기 위해서는 남다른 전략이 필요하다. 보다 색다른 방법으로 시추(試錐)해야 시원(始原), 즉 사물이나 현상이 시작되는 뿌리를 만날 수 있다. 시추란 지각 내부 상태를 파악하기 위해서 또는 석유·천연가스·지하수 등을 채취하기 위해 지각 속에 구멍을 뚫는 일이다. 이것은 곧 진정 원하는 것이 무엇인지를 알기 위해 다양하게 시도하는 탐험을 의미한다. 여기저기 파봐야 어느 순간 물줄기를 만날 수 있다. 나만의 꿈의 시추도 그렇다. 이런저런 시도를 해봐야 내면에 잠자고 있는 욕망의 물줄기를 만날 수 있다.

시작(試作)해야 명작(名作)이 나온다

시(詩)를 쓰고자 하는 사람이 있다. 그는 시상(詩想)이 떠오르기를 기다리며 한 줄의 시도 쓰지 못하고 있다. 시작(始作)하지 않으니 시작(詩作)이 안 되는 것이다. 일단 시작하면 어떤 식으로든 시상이 떠오른다. 완벽한 시상으로 시를 쓰려다가는 시작조차 못하고 펜을 놓아야 한다. 이런저런 시작(詩作)이 습작(習作)을 만들고, 습작의 누적이 명작(名作)을 가져온다. 이런 점에서 시작(始作)은 시작(試作, prototype)이라고 할 수 있다. 시작, 즉 시험적인 작품을 만들어 본래 의도했던 모습에 알맞은지를 빠르게 판단하면서 완성작에 가까워지려는 노력이 바로 시작(試作)이다. 니체는 이렇게 말한다(《인간적인 너무나 인간적인》).

"일은 머리로 세운 계획대로 진행되지 않는다. 현실의 그 '무엇'이 먼 길을 가장 짧은 길로 만들어준다. 그것이 무엇인지는 사전에 알 수 없으며, 현실에 발을 내딛었을 때 비로소 알게 된다."

니체의 말처럼 무언가를 이루고 싶다면, 현실에 발을 내딛는 행동이 뒤따라야 한다. 아무런 행동도 없이 명작은 탄생하지 않는다. 하나의 문장에서 한 편의 소설이 시작되듯, 한 발짝 내딛었을 때 비로소 우리는 꿈과 이상의 목적지를 향해 다가갈 수 있다. 이는 니체의 말처럼 '자신의 꿈에 대한 용기 있는 책임'이기도 하다.

스스로의 인생을 명작으로 만들고 싶다면 시작의 의미는 더더욱 중요하다. 쉽게 만족하지 않고 쉽게 타협하지 않는 사람, 그래서 용기 있게 자신의 길을 도전해가는 사람만이 자신의 인생을 명작으로 만들어갈 수 있다.

사람들 틈에서 그리고 저들의 연민 속에서 살고 싶지는 않다고? 좋다, 나처럼 하라! 그러면 그대는 내게서도 배울 것이다. 행동하는 자만이 배우게 마련이다.

—《차라투스트라는 이렇게 말했다》

Also Sprechen Yourathustra

3

니체처럼 변신하라

"내 안에 천 가지 모습이 있다!"

01
새로운 나의 미래를 낳아라

나는 미래를 낳을 수 있을까?

변신의 귀재 차라투스트라, 그는 천 개의 얼굴을 갖고 있다. 그래서 필요할 때마다 새롭게 변신을 감행한다. 낡은 존재에서 새로운 존재로의 변신, 그것은 그의 임신(妊娠)을 통해서 가능했다. 그것이 차라투스트라의 생명력이다.

현재의 나를 벗어버리고 싶다면 새로운 나를 임신하면 된다. 그리고 그 임신은 사랑의 결실이어야 한다. 사랑하지 않고는 불가능한 게 임신이다. 이것은 곧 자신의 삶을 사랑해야 새로운 나를 임신할 수 있다는 의미다. 지금의 나를 너무도 사랑하기 때문에 나의 삶을 더 아름답게 창조하고 싶은 것이다. 바로 그 사랑의 결실이 나의 미래의 삶을 임신하고 출산하는 것이다.

우리는 진행형의 존재다

니체는 자기 자신을 뛰어넘기 위해서 온갖 노력을 멈추지 않았다. 그것이 위대한 존재로서의 삶이라고 생각했다. 위대한 존재로서의 삶! 그런 가슴 뛰는 삶을 살기 위해서는 그만큼의 고통이 따른다. 출산의 고통을 겪지 않고서는 새 생명이 탄생할 수 없기 때문이다. 위대한 창작도 뼈를 깎는 고통 속에서 탄생한다. 그래서 니체는 이렇게 말한다.

> "창조하는 자 스스로 다시 태어날 어린아이가 되기 위해서는 먼저 산모가 되어야 하고, 산고를 마다하지 않아야 한다."

그렇다면 출산의 고통은 무엇을 의미하는가? 기존의 나를 죽여야 하는 고통이며, 쓰디쓴 죽음을 허다하게 느껴야 하는 아픔이다. 새로운 나로 변신하려면 지금의 나를 완전히 버려야 한다. 낡은 나, 과거의 나에 대한 상실감은 과감하게 접어두어야 한다. 온갖 껍데기를 벗어던지고 오로지 나의 맨몸으로 돌아가야 한다. 그것만이 새로운 나를 탄생시키는 유일한 출발이다. 니체는 이렇게 말한다.

> "너 자신을 네 스스로의 불길로 태우고자 해야 한다. 먼저 재가 되지 못할 때 네가 어떻게 새로워지길 바라겠는가?"

한줌 재가 되어야만 다시 살아날 수 있는 존재. 이것이 변신하는 자의 운명이다. 니체는 이런 변신 능력이야말로 불멸하는 존재로서의 생명력이라고 말한다. 우리는 끊임없이 버리고 채우면서 성장해간다. 아무리 위대한 성취를 이루었더라도 그것은 현재의 결과일 뿐이다. 여기에 안주하는 순간, 나의 존재는 늙기 시작한다. 이런 의미에서 우리는 정적 상태로 머무는 명사적 존재가 아니라 부단히 움직이는 동사적 존재다. 인간의 존재란 '된 상태'가 아닌 '되어가는 과정'을 의미하기 때문이다. 따라서 지금의 나는 새로운 나로 변신하기 위한 진행형의 존재라고 할 수 있다.

나는 언제 변신해야 할까?

사랑하는 남녀가 결혼을 하면 자연히 임신을 하고 출산을 경험한다. 출산의 시기는 저마다 다르지만, 부부가 서로 아이를 원할 때 성공적인 출산을 위해 노력한다. 마찬가지로 우리가 새로운 존재로 변신하고자 한다면, 여기에도 적절한 출산의 시기가 따른다. 즉 자기 변신이 절실하게 필요할 때다.

그렇다면 언제 변신을 시도해야 하는가. 도저히 이대로는 안 되겠다는 위기의식을 느낄 때, 어떤 것도 나의 삶에 영향을 주지 못할 때, 더 이상 변화를 기대하기 힘들 때, 우리는 근본적인 자기 변신을 시도해야 한다. '변화'의 끝에서 '변신'이 시작된다. 이제 틀에 박힌 변화, 단편적인 변화로는 지금의 위기를 넘어설 수 없다. 위기의 막다른 골목에서 유일한 방법은 근원적이며 총체적인 변신뿐이다. 변신은 변화와는 차원이 다르다. 변신은 급진적이다. 니체가 망치질을 해서라도 낡은 나를 부숴버리지 않으면 안 된다고 말할 만큼 절실한 위기의식이 변신의 기저에 깔려 있다. 따라서 변신에는 수많은 시련과 역경이 뒤따른다. 그렇더라도 두려워할 필요는 없다. '혹시나 급변하는 세상에서 나만 뒤질까?' 하는 강박관념도 버려라.

변신의 동력은 바깥이 아닌 철저한 자기성찰에서 시작된다. 아무리 외부에서 불어오는 변화의 바람이 거세도 그 필요성과 위기의식을 내가 느끼지 않으면 아무 소용이 없다. 나는 왜 지금 변신해야 하는가, 어떤 모습으로 변신하고 싶은가, 나의 변신에는 무엇이 필요한가 등 근본적인 자기성찰이 반드시 필요하다. 니체는 이렇게 말한다.

"우리들 한 사람 한 사람에게도 역사는 분명 존재한다. 그것은 매일의 역사다. 현재인 오늘 하루 내가 무엇을 느끼고 어떻게 행동하는가? 그것이 매일의 역사 한 페이지를 장식한다.

우리는 자주 오해를 받는다. 왜냐하면 우리 자신이 계속 자라고 변하기 때문이다. 우리는 허물을 벗고 봄마다 새로운 껍질을 입는다. 우리는 계속해서 젊어지고, 더 커지고, 더 강해진다.
　　　　　　　　　　　　　　　　　　　　　　　　　　　　　　─《즐거운 지식》

> "독창적인 사람의 특징 중 하나는 이미 모든 사람들의 눈앞에 있으나 아직 알아차리지 못해 이름조차 가지지 못한 것을 알아볼 수 있는 눈을 가지고, 나아가 그것에 새로운 이름을 부여할 수 있는 능력을 가졌다는 점이다. 이름이 주어지고 비로소 그것이 실제로 존재함으로써 인간은 깨닫게 된다. 그렇게 세계의 일부가 탄생한다."
>
> ―《즐거운 지식》

02
나만의 가치를 창출하라

과연 나만의 가치는 얼마인가?

나는 남과 얼마나 다른 존재인가? 스스로 자신의 가치를 어떻게 평가하는가? 나만의 가치란 남과 다른 차별화된 역량에서 출발한다. 그것은 다음 두 가지에서 크게 드러난다.

첫째, 나는 남과 어떻게 다른가. 둘째, 나의 다름을 남들도 인정하는가. 만약에 어느 조직에서든 내가 하는 일을 누군가도 똑같이 해낸다면 나의 가치는 제로에 가까워진다. 반대로 차별화된 능력이 많을수록 주위로부터 인정을 받고 나의 가치가 높아질 것이다. 결국 남과 다른 나의 존재란 어디서도 찾을 수 없는 독창적인 나의 가치에서 나온다.

나만의 독창적이고 차별화된 가치는 치열한 노력으로 만들어진다. 세상에 모든 상품들이 작품이 되는 것은 아니다. 상품이 작품이 되고, 작품이 명품으로 발전하기 위해서는 쉼 없는 노력의 연료가 필요하다. 치열한 노력으로 만들어진 얼룩이 아름다운 작품의 가치를 결정한다. 오직 그 작품만이 풍길 수 있는 가치의 향기가 많은 노력으로 채워지는 것이다. 따라서 작품에 밴 얼룩에는 그 사람만의 치열한 노력이 숨 쉬고 있다. 작품 속에 반영된 이런 사투의 흔적이 작품을 감상하는 사람들의 마음을 움직인다.

나의 가치를 밖에서 찾지 마라

니체에 의하면 현대인은 자신의 앎을 스스로 만들어가지 못한다. 하루에도 정신없이 쏟아지는 무수한 정보들을 보라. 외부에서 주입된 많은 정보들은 나의 생각을 임신하지 못하도록 가로막는다. 사실 세상의 모든 정보와 지식은 편집된 것이다. 편집된 생각은 편집된 지식을 만든다. 이런 편집된 지식은 나의 생각까지도 편집한다. 나만의 철학이 부재한 상태에서 단편적 정보를 수동적으로 받아들인다면, 나다운 가치를 스스로 만들어갈 수 없다. 니체의 말처럼 나의 가치를 밖에서 조정하게 된다.

"스위스 제네바에서 본 몽블랑 주변 산들은 하나같이 아름답고 풍부한 표정으로 가득했다. 그런데 '몽블랑은 가장 높은 봉우리로 천연의 아름다움에 싸여 있다'는 관광적인 지식 때문에 사람들의 눈은 몽블랑에만 머무른다. 이래서는 진정한 아름다움을 즐길 수 없다. 지식이 아니라, 자신의 눈이 지금 보고 있는 아름다움을 인정하라."

나만의 가치는 남에게 의존해서는 결코 나올 수 없다. 나다운 생각이

유라투스트라는 이렇게 말한다

나다운 생각의 임신을 가능하게 하고, 나다운 생각의 임신이 나만의 가치를 출산한다. 나의 삶에서 소중한 가치들은 무엇인가. 이 소중한 가치들이 오랫동안 쌓여서 내 삶의 가치관을 이룬다. 내 삶의 역사는 내가 쓰는 것이다. 나의 가치관을 따르는 삶의 역사. 그것이 내 삶의 역사(My history)를 꿋꿋하게 창조하는 길이다.

세계는 새로운 소란을 일으키는 사람이 아니라 새로운 가치를 창출하는 사람 주위로 돈다. 소리 없이 그렇게 조용히 돈다. ─《차라투스트라는 이렇게 말했다》

"너는 저들 너머 저 위로 향한다. 그러나 네가 높이 오르면 오를수록 시샘에 찬 그들의 눈에 너는 더욱 더 작아 보이게 마련이다. 아무렴 하늘을 나는 자가 그 누구보다 많은 미움을 받게 마련이다."

— 《차라투스트라는 이렇게 말했다》

03
스스로를 차별화하라

나는 어떤 별이 될 것인가?

한 동네에 다양한 별들이 살고 있었다. 먼저 '특별'은 자신이 특이한 별이니 자신을 특별하게 대해달라고 했다. 이에 질세라 '각별'은 자신이 너무 소중한 별이니 각별하게 대해달라고 했다. '유별'은 나야말로 가장 인기 있는 별이고 다른 별과 유별나게 다른 데도 유별나게 대해주지 않아서 유감이라고 했다.

이 세 별들의 이야기를 가만히 듣고 있던 '차별(差別)'과 '구별(區別)'이 한마디씩 했다. "당신들은 고유한 특성이 드러나지 않고 서로 '구별'되지 않는 별이야." 그러면서 '차별'이야말로 그 어떤 별보다 차이(差異)가 나는 별이니 차별적으로 대접해줘야 한다고 말했다. '차별'의 이야기를 들고 있던 '구별'은 자신이 그 어떤 별과도 구분되는 고유한 개성을 지닌 별이라고 자랑하면서 자신을 '특별'하고 '각별'하며 '유별'나게 대접해줘야 한다고 말했다.

지금까지 별들의 이야기를 차분히 듣고 있던 '이별(離別)'과 '사별(死別)'이 입을 열었다. "우리 모두는 언젠가 헤어져야 하는 운명을 타고 난 '이별'이야. 그러니 작은 일에 목숨 걸고 아옹다옹 살지 말자." 어차피 우리 모두는 언젠가는 서로 이별할 수밖에 없는 운명을 타고났다는 것이다. 그러자 '사별'이 인생지사 새옹지마(塞翁之馬)라고 한마디 거들면서 '나는 죽어서 더욱 빛나는 별'이라고 했다. "너희는 모두 언젠가는 다 죽어 없어질 별이니 살아생전 잘난 척하지 말고 하늘 앞에 겸손하고 땅 위에서 정직하게 살자."고 말했다. 아무리 잘난 별이라도 '사별' 앞에서는 죽음을 피할 수 없다는 의미였다.

마지막으로 '개별(個別)'이라는 별이 갑자기 하늘에서 내려와 그동안 자기 자랑에만 열중했던 모든 별들의 자만심을 꾸짖었다. 그러면서 모든 별은 고유한 개성을 갖고 있는 '개별'이니 자신의 길을 묵묵히 지키고 밤하늘의 아름다움을 수놓는 별의 길, 즉 '별로(別路)'를 걸어가는 별이 되어야 한다고 말했다.

차이의 반복이 차별화를 만든다

별로를 걸어가는 별을 존중하는 별이라야 진짜 별이다. 별로는 바로 다른 길을 의미한다. 다른 길로 빠져봐야 다른 세상을 만날 수 있다. 차이를 드러내는 최고의 방법은 다른 길을 걸어가는 것이다. 모든 별은 별천지에서 각자의 별로를 걸어가는 '개별'이다. 그래서 모든 '개별'은 '이별'하고 '사별'하는 운명을 지니고 있다. 그래도 '특별'하고 '각별'하며 '유별'나서 '구별'되는 별이며 '차별화'되는 별이다.

타인과의 차별화를 넘어 차원이 다른 경지에 도달하고 싶다면 나만의 방식으로 부단히 노력해야 한다. 작은 차이의 반복이 차별화를 불러온다. 차별화는 누구도 넘볼 수 없는, 차원을 달리하는 나만의 원동력으로 작용한다. 니체가 높이 평가하는 인간은 차이를 끊임없이 생성하는 사람이다. 이런 차이의 생산으로 만들어진 다양성이야말로 좋은 사회의 조건이 된다. 다양한 차이들이 공존할 때, 모든 별은 '개별'로서 '특별'하며 '각별'하고 '유별'나며 '구별'되어 '차별화'되는 별이 되는 것이다.

어쩌면 차별화의 세계에 도달한 사람은 대부분 정상이 아닐 수도 있다. 그들은 정상적인 사람과 확연히 다른 방법으로 정상에 올랐다. 낡은 상식을 거부하고 세상의 조소나 비난에도 아랑곳하지 않는다. 그들이 유일할 수 있는 비결은 자신의 재능을 의미심장한 가치를 찾는 데 온전히 쏟는 것이다. 재능에 재미가 더해지면 의미가 생긴다. 그 의미가 쌓일수록 더욱 의미심장해지고, 자연스럽게 자신의 일에 몰입하는 열정도 뒤따른다. 어린아이처럼 이렇게 일을 즐기다보면 마침내 그 누구도 넘볼 수 없는 나만의 차별화된 위치에 이르게 된다.

차이에 대한 열정이 있는가

스스로를 차별화하는 사람은 타인의 가치 판단에 휘둘리지 않는다. 니체는 이런 사람을 '진정한 강자'라고 부른다. 니체는 권력이나 재산의 양을 두고 강자나 약자를 유형화하지 않았다. 그가 말하는 강자는 가치 판단의 기준을 스스로 정하고, 그것에 따라 사물과 행동에 가치를 부여하는 사람이다. 반대로 약자나 노예는 자신의 기준을 가지지 못해서 타인의 가치 판단 기준에 따라 평가되고 구속되는 사람들이다.

유라투스트라는 이렇게 말한다

니체는 강자들은 '거리에 대한 열정'이 높다고 말한다. 그가 말하는 거리에 대한 열정이란, 다른 것과 자신의 것을 구별 짓는 차이에 대한 열정을 뜻한다. 따라서 남과 다르다는 것은 강자들에게는 비난의 대상이 아니라 긍정의 대상이다. 오히려 더 많은 차이를 만들어내기 위해 노력한다. 차이의 생산을 위한 노력은 다른 사람과의 관계뿐만 아니라 자신과의 관계에도 중요하다. 그래서 강자들은 '어제의 나'와 '오늘의 나'가 다르기 위해서 부단히 노력한다. 이 때문에 거리에 대한 열정에는 자기 극복의 원리도 내재되어 있다. 그래서 강자들은 '남보다 잘하고 있는가?'를 묻지 않고, 이렇게 묻는다.

나는 어제보다 잘하고 있는가?
어제와 다르게 노력하고 있는가?

나는 다양한 길과 방법을 통해 나의 진리에 이르렀다. 내가 사다리 하나로만 먼 곳을 볼 수 있는 위치까지 오른 것은 아니다. 나 역시 계속해서 물어가며 걸었다. 물음과 시도, 그것이 내 모든 행로였다.
— 《차라투스트라는 이렇게 말했다》

04
힘들수록 더욱 긍정하라

부정에서도 긍정을 발견하라

부정적인 상황에도 긍정을 먼저 보는 사람이 있고, 긍정적인 상황에도 부정적인 면부터 보는 사람이 있다. 분명한 것은 부정적인 생각은 최고의 상황에도 자신을 약화시키고, 긍정적인 생각은 최악의 상황에도 자신을 강화시킨다는 점이다. 이처럼 같은 상황에도 어떤 생각을 품느냐에 따라 전혀 다른 상황이 연출된다.

니체는 긍정의 철학자였다. 그의 뜨거운 긍정의 정신은 자신의 삶을 한층 도약시켰다. 한 번의 긍정으로 부족하면 '한 번 더 긍정하라'고 외칠 만큼 그는 세상의 모든 것들에 긍정의 메시지를 보낸다. 그래서 니체는 모든 부정을 무너뜨리고 긍정으로 삶의 돌파구를 찾고자 하는 사람들에게 축복의 중개자가 되었다.

'할 수 없다'와 '할 의지가 없다'

사람은 자신의 한계를 설정하면 그 이상은 뛰어넘을 수 없다. 예를 들어 높이뛰기 선수가 자신이 넘을 수 있는 높이를 2미터라고 한정해놓으면, 그는 결코 그 이상을 넘을 수 없다. 하지만 2미터 이상도 넘을 수 있다고 생각한다면, 그때부터 뛰어넘기를 위한 전략을 구상하고 실제로 성공시키기 위해 노력한다. 낡은 방법이 아닌 새로운 방법을 고민하고 시도하는 것이다. 이런 생각의 전환은 삶의 방향을 획기적으로 바꿔놓는다. 니체의 말처럼 긍정의 축복이 쏟아지는 삶을 사는 것이다.

영화 〈예스맨〉은 'Yes!'에 관한 한 남자의 인생역전 이야기다. 대출회사 상담 직원 칼 알렌(짐 캐리)은 'No!'라는 말을 입에 달고 사는 매사 부정적인 남자다. 하지만 친구의 권유로 '인생역전 자립 프로그램'에 가입하면서부터 그의 인생이 180도 뒤바뀐다. '긍정적인 사고가 행운을 부른다'는 프로그램의 규칙에 따라 모든 일에 'Yes'라고 대답하기로 결심하고 '뭐든지 할 수 있다'는 자세로 새로운 일에 도전한다. 번지점프하기, 한국어 수업 듣기, 모터사이클 타기, 남의 인생 간섭하기, 온라인으로 데이트 상대 정하기 등 그는 긍정적인 자세로 다양한 일들을 시도한다. 입버릇처럼 '안 돼'라고 말하던 부정적인 주인공은 자기 인생에 'Yes'를 받아들이면서 놀라운 변화를 체험하기 시작한다.

많은 경우 우리도 칼처럼 '할 수 없다(I cannot)'고 입버릇처럼 말한다. 일단 '할 수 없다'고 말해야 부담을 느끼지 않기 때문이다. 그런데 정말로 할 수 없는 걸까? '할 수 없다'는 말을 곰곰이 생각해보면 실제로 '할 의지가 없는(I will not)' 경우가 더 많다. 할 수 있는 능력이 있어도 일단

할 수 없다고 쉽게 단정해버린다. 왜 이렇게 쉽게 부정적인 말을 앞세우는 걸까? 이는 할 수 없는 것이 아니라 도전할 의지가 없다고 봐야 옳다. 습관처럼 안 된다고 말하기 전에 한번쯤 이렇게 생각해보라. '안 될 게 뭐야! 하면 되는 거지!'

최고의 긍정은 부정까지도 긍정한다. 하지만 최악의 부정은 긍정마저도 부정한다. 긍정은 걸림돌을 디딤돌로 바꾸지만, 부정은 디딤돌을 걸림돌로 바꾸어놓는다. 긍정은 '이번이 마지막'이라고 외치지 않고 '한 번 더'라며 대안을 생각한다. 그러나 부정은 '어차피 안 되는 거 차라리 그만두자'고 우리를 부추긴다.

버릴 것은 아무것도 없다

니체의 긍정성은 그의 문장 속에 잘 드러난다. '있는 것은 아무것도 버릴 것이 없으며, 없어도 좋은 것이란 없다.' 이처럼 삶의 모든 순간 속에서 의미를 발견하고, 그 의미 속에서 성장하고자 했던 니체. 그는 매순간 디오니소스적 긍정을 품고 살았다(《이 사람을 보라》).

"삶의 가장 낯설고 가장 가혹한 문제들에 직면해서도 삶 자체를 긍정한다: 자신의 최상의 모습을 희생시키면서 제 고유의 무한성에 환희를 느끼는 삶에의 의지—이것을 나는 디오니소스적이라고 불렀다."

디오니소스적 긍정을 통해 니체는 끊임없이 '변신하는 삶'을 강조한다. 매순간을 절대 긍정의 시선으로 바라보면서 그런 긍정의 힘으로 자신의 운명까지 새롭게 창조한다. 물론 살아가면서 우리는 수시로 힘든 순간들과 마주친다. 인간은 항상 고통 받는 존재이며, 우리의 삶이 때때로 모순처럼 느껴지기도 한다. 하지만 그럴 때마다 삶을 부정하겠는가? 아니면 니체처럼 긍정하겠는가? 위대한 삶이란 삶의 모순까지도 극복하는 데서 시작한다. 삶의 모순까지 끌어안는 '긍정'이 뒤따를 때 비로소 디오니소스적 긍정이 시작된다. 각박한 현실 속에서 절망만이 내 삶의 전부라고 느껴져 그만 주저앉고 싶어도, 그 또한 내 삶의 일부로 받아들이는 의연함이 긍정의 정신이다. 그것이 니체가 실천한 건강한 자의 삶이다.

나는 약화시키는 것, 초췌하게 만드는 것 모두에 대해 '아니오'를 가르친다. 나는 강화하는 것, 힘을 저축하는 것, 힘의 감정을 긍정하는 것 모두에 대해 '예'를 가르친다.
— 《차라투스트라는 이렇게 말했다》

"즐겁지 않은 것은 바람직하지 않다. 힘겨운 일에서 일단 고개를 돌려서라도 지금을 제대로 즐겨야 한다. 가정 내에 즐겁지 않은 사람이 단 한 사람만 있어도 모든 이가 우울해지고, 가정은 묵직한 어둠이 드리워진 불쾌한 곳이 되어버린다. 가능한 한 행복하게 살아라. 그러기 위해서 현재를 즐겨라. 이 순간을 온몸으로 즐겨라."

―《즐거운 지식》

05
웃으면서 이겨라

왜 우리는 심각하고 무거운가

흔히들 무겁고 심각해야 깊이 생각한다고 믿는다. 과연 그럴까? 혹시 생각의 무게와 깊이를 혼동하는 것은 아닐까? 매순간 심각하고 진지한 사람들이 있다. 이들은 삶을 즐기지도, 그 유희에 춤을 추지도 못한다. 몸과 마음이 가볍지 않으니 웃고 싶어도 웃음이 잘 나오지 않을 수밖에…. 니체는 진정으로 '나는 춤을 출줄 아는 신만을 믿겠다'고 말한다. 그에게 웃음은 능력의 문제였다.

주변을 살펴보면 삶을 지나치게 무겁게 생각하는 사람들이 의외로 많다. 쓸데없는 엄숙주의로 삶을 더 무겁게 만드는 것이다. 이를 두고 니체는 '중력의 악령'이라고 말한다. 중력의 악령들 때문에 우리의 삶은 공연히 더 심각해졌으며, 웃음도 사라져버렸다고 니체는 생각했다.

모든 좋은 것들은 웃는다

니체의 말처럼 걸음걸이를 보면 그 사람의 마음 상태를 알 수 있다.

"모든 좋은 것들은 웃는다. 어떤 사람이 정말로 자신의 길을 걷고 있는지는 그 걸음걸이를 보면 알 수 있다. 그러므로 내가 걷는 것을 보라. 자신의 목표에 다가가는 자는 춤을 춘다."

삶의 긍정성을 믿는 사람의 발걸음은 가볍고 경쾌하다. 그의 곁에서 걷는 사람까지도 춤추게 만들며 때때로 힘들고 아픈 순간이 찾아오더라도 잠시일 뿐, 그때마다 한 번 더 웃으면서 꿈의 목적지를 향하는 자신의 모습을 잊지 않는다.

니체의 분신 차라투스트라는 어렵고 힘든 상황에서도 꿈쩍하지 않는다. 수많은 시련과 역경이 있을지라도 삶은 웃음과 춤을 배우는 여정이라고 생각한다. 거대한 중력의 영이 덮쳐도 언제나 가볍고 즐겁게 웃어넘긴다. 심각하고 무겁게 생각한다고 해서 걱정과 고민이 해결되지 않는다는 것을 잘 알기 때문이다. 노여워하며 울고불고 하느니 차라리 현실을 인정하고 웃음으로 넘겨버린다. 고민과 달리 웃음은 강력한 치료제가 되어준다. 웃으면 몸이 가벼워지고, 몸이 가벼워지면 아무리 높은 벽일지라도 뛰어넘지 못할 게 없다. 이것이 웃음의 가치요, 승리다.

세상은 웃는 자의 것이다

니체는 정신의 진화 과정을 낙타에서 사자, 그리고 어린아이의 3단계로 설명한다. 이 3단계에서 최고의 긍정주의자인 어린아이에게는 낙타와 사자에게 없는 것이 하나 있다. 바로 웃음이다. 어린아이에게 세상은 모두 경이로운 신천지다. 즐거움과 놀라움이 넘치는 세상에서 어린아이는 모든 사람들에게 웃음으로 화답한다. 어린아이는 아무리 무거운 일도 웃음으로 가볍게 소화시킬 능력이 있다. 이렇게 웃는 얼굴에 침을 뱉을 사람은 아무도 없다.

웃으면 웃을수록 복이 온다는 사실을 우리는 잘 알지만 웃음에 인색하다. 세상만사를 무겁게만 생각하다보니 좀체 웃을 일이 없는 것이다. 니체는 이런 사람들의 생각은 너무도 진지하고 무거워서 결국에는 난쟁이가 되어간다고 말한다. 또한 니체는 춤을 추지 않은 날은 죽은 날이나 다름없다고 강조한다.

"춤 한번 추지 않은 날은 아예 잃어버린 날로 치자! 그리고 큰 웃음 하나 동반하지 않는 진리는 모두 거짓으로 간주하자!"

큰 웃음을 주지 못하는 진리 역시 죽은 진리나 다름없다. 웃음이 넘치는 사람에게 세상은 신나는 축제의 장이다. 세상은 웃는 자가 이끌어가는 거대한 놀이터다. 니체는 웃는 사람만이 세상을 살맛나는 세상으로 이끌어간다고 믿는다. 어린아이처럼 웃는 사람만이 절망 속에서도 희망을, 슬픔 속에서도 기쁨을, 고통 속에서도 즐거움을 찾아낼 수 있다. 내가 웃으면 세상도 따라 웃는다. 니체는 이렇게 말한다《아침놀》.

"하루에 열 번 주위 사람들에게 냉담한 말을 퍼부었다면 오늘부터는 하루에 열 번 주위 사람들에게 기쁨을 안겨주는 말을 건네보라. 그러면 자신의 영혼이 치유될 뿐 아니라, 주위 사람들의 마음도 상황도 한결 나아질 것이다."

"너희 가운데 웃음을 잃지 않은 채 높이 올라와 있을 수 있는 자가 있는가? 더없이 높은 산에 오르는 자는 모든 비극과 비극적 엄숙성이라는 것을 비웃는다."

—《차라투스트라는 이렇게 말했다》

06
존재의 크기를 더 키워라

왜 나는 이렇게 왜소할까?

혹시 나를 왜소하게 만드는 문제들로 인해 번번이 흔들리고 있는가? 니체는 단호하게 '저 사람은 그릇이 그 정도밖에 안 돼!'라고 말하며 배격한다. 우리는 종종 사람의 역량을 그릇의 크기에 비유한다. 이때의 그릇은 영어로 컨테이너(container)에 해당한다. 짐을 실을 수 있는 최대 용량은 그릇의 크기, 즉 컨테이너의 크기에 따라 달라진다. 마찬가지로 한 사람의 콘텐츠(contents)를 얼마나 담느냐에 따라 그 사람의 컨테이너 크기가 드러난다고 할 수 있다.

대부분의 사람들은 컨테이너보다 콘텐츠가 중요하다고 생각한다. 정말로 그럴까? 혹시 텃밭이 좋아야 씨앗도 잘 자랄 수 있는 것은 아닐까?

예들 들어 컨테이너는 여자고 콘텐츠는 남자라고 가정해보자. 몸이 아픈 여자가 아무리 건강한 남자를 만나도 건강한 아기를 출산하기란 쉽지 않다. 그만큼 기본 토대가 건강해야 한다. 컨테이너는 콘텐츠를 담아 제3의 지식으로 숙성시키는 인큐베이터다. 따라서 컨테이너가 부실하면 아무리 좋은 콘텐츠를 담아도 의미가 없다. 그만큼 컨테이너의 포용력이 중요하며, 그 포용력에 따라 콘텐츠를 얼마나 소화시킬 수 있는가도 결정된다.

문제가 커지면 나도 성장한다

우리의 몸과 마음은 더없이 왜소해졌다. 고만고만한 문제들과 씨름하느라 지쳐 있다. 그래서 작고 사소한 일에도 쉽게 휘둘리고 고민하고 절망한다. 야성(野性)을 잃어버린 현대인들의 신체에서는 야심만만한 꿈이 자라지 못한다. 그 이유는 야망(野望)을 불태울 수 있는 컨테이너의 화력(火力)이 뒷받침되지 않기 때문이다. 니체는 왜소해진 인간들에게 이렇게 말한다.

"더없이 위대하다는 자조차도 그토록 왜소했으니! 이것이 사람에 대한 나의 싫증이었다!"

니체의 지적처럼 우리는 자꾸 왜소해지고, 작은 문제 앞에서 쉽게 넘어진다. 니체는 위기 때마다 다른 차원의 대응책을 펼친다. 병을 오히려 치료의 기회로 반기며, 병으로 더 건강해지는 것이다. 니체가 그랬듯이 문제의 발생은 오히려 나의 존재를 확장시켜주는 절호의 기회로 삼을 수 있다. 중요한 것은 그 문제의 크기보다 내 존재의 크기를 더 키우는 것이다. 존재는 존재의 집에서 살아간다. 어떤 집을 짓느냐에 따라서 전혀 다른 존재로 자랄 수 있다. 작은 집에서는 작은 존재가 살 수밖에 없다. 큰 존재로 살고 싶다면 집을 좀 더 크게 지어야 한다.

"느닷없이 새로운 집들이 가지런히 눈에 들어왔다. 그는 의아했다. 그래서 말했다. 아니 이것들은 아니리라! 어떤 멍청한 아이가 장난감 상자에서 이 작은 집들을 꺼내놓은 것은 아닐까? 그랬다면 또 다른 아이가 나타나 그것들을 다시 상자에 집어넣어 주었으면 좋겠다! 그리고 이 거실과 작은 방들은 또 무엇인가? 어른들이 드나들 수나 있겠나? 차라투스트라는 멈춰 서서 생각해봤다. 마침내 그는 슬픈 목소리로 말했다. 모든 것이 작아지고 말았구나!"

니체는 묻는다. '우리는 어떻게 존재하는 대로의 우리가 되는가?' 모든 지적 탐구의 주체는 자기 자신에서 출발한다. 인간은 움직이는 존재다. 주어진 상태로서의 정적 존재가 아니라 끊임없이 변신하는 과정으로서의 동적 존재다. 다시 말해 지금과는 근본적으로 다른 새로운 존재로 변신을 거듭하는 창조적 존재가 인간이다. 니체는 창조적 생성으로서의 인간을 '새로운 자이며 누구와 비교할 수 없는 유일한 자이며, 스스로 법칙을 만들어 창조하는 자'라고 말한다.

차원이 다르게 태어나라
무조건 순응하는 낙타에서 현실에 반항하는 사자로, 마지막으로 세상을 즐기는 어린아이로 변신하는 니체의 3단계 변신설에서 가장 중요한 것은 바로 '변신'이다. 즉 진화처럼 서서히 변하는 것이 아니라, 어느 순간 새롭게 다시 태어나는 것이다. 변신은 전면적이며 급진적인 차이의 존재로 다시 태어나는 것을 의미한다. 따라서 변신에는 망치가 필요하다. 새로운 존재로 변신하기 위해서는 낡은 자신을 망치로 완전히 깨부숴야 하기 때문이다. 니체는 이렇게 말한다《즐거운 지식》).

"어쩌면 그 위인은 그저 어린아이인 채 세상의 보편적인 어른이 되지 못한 사람, 그래서 위대한 업적을 남겼을지도 모른다. 혹은 자유자재로 색을 바꾸는 카멜레온과도 같이, 시대의 흐름이나 나이에 따라 마음먹은 대로 변신할 수 있는 인간이었기에 업적을 이룰 수 있었을지 모른다."

언젠가 나는 위대한 사람과 왜소한 사람이 맨몸으로 있는 것을 보았다. 저들은 서로 너무나 닮아 있었다. 더없이 위대한 자조차도 아직은 너무나 인간적이었던 것이다! 더없이 위대한 자조차도 너무나 왜소했으니! 이것이 사람에 대한 나의 짜증스러움이었다.
— 《차라투스트라는 이렇게 말했다》

"지혜로워라. 기쁨을 품어라. 가능하다면 현명함도 더하라. 그리고 마음에는 언제나 기쁨을 간직하도록 하라. 이것이야말로 인생에서 가장 소중한 것이기 때문이다."

— 《인간적인 너무나 인간적인》

07
명랑한 청춘으로 살라

한판 멋지게 뒤집어라

시간은 한정되어 있다. 그래서 기회는 늘 지금뿐이다. 울부짖는 일 따윈 오페라 가수에게나 맡기면 된다. 지금 우리에게는 앉아서 머리로 고민할 시간이 따로 없다. 뭔가를 가슴으로 원한다면 행동으로 과감하게 저질러야 한다. 니체는 이렇게 말한다.

"죽는 것은 이미 정해진 일이니 명랑하게 살아라. 삶은 언젠가는 끝날 것이기에 온힘을 다해 맞서라."

청춘은 성취하는 시기가 아니라 저지르는 시기다. 실험과 모색, 도전과 실패를 경험하는 시기다. 성공적인 실패를 많이 할수록 경이로운 가능성을 만날 수 있다. 무엇이 가능하고 불가능한지를 몸소 체험하는 것이다. 가능(可能)을 뒤집으면 능가(凌駕)라는 말이 된다. 가능성을 믿고 도전하라. 그러면 자신의 한계를 능가할 수 있는 놀라운 힘이 나온다. 청춘은 이렇게 한판 멋지게 뒤집는 시기다. 그러니 주저앉아 있기에는 인생이 너무 짧다. 게다가 한 번 흘러가버린 시간은 두 번 다시 오지 않는다. 청춘의 시기는 더더욱 짧다. 그 주어진 시간 속에서 기회를 잡을 수 있는 방법은 지금 바로 행동하는 것이다. 행동 속에 기회가 있고, 그 기회는 곧 성공의 발판이다.

나는 무엇에 사무쳐 있는가

청춘은 몸부림의 시기다. 정신의 허기로건, 무엇으로건 청춘은 늘 뭔가를 채우기 위해 몸부림친다. 사람은 배가 부르면 처절해지지 않는다. 그저 나태함과 게으름을 친구삼아 살아갈 뿐이다. 그들에게는 절박한 그 무엇이 없다. 그러나 허기진 사람은 절박하다. 굶주린 호랑이의 눈빛을 본 적이 있는가. 사냥감을 노리는 그 날카로운 눈빛! 모름지기 청춘의 눈빛이란 그러해야 하지 않겠는가. 굶주림에 몸부림쳐봐야 사람은 치열해진다.

청춘의 몸부림은 사무침이다. 뼛속 깊이 사무쳐본 사람은 그 태도부터 다르다. 꿈이든 사랑이든 뼛속 깊이 사무치는 사연이 있는 사람은 몸부림을 치게 된다. 나에게는 사무치게 그리운 무언가가 있는가? 사무치게 그리운 게 있다면 그림을 그려보라. 그리워하는 것을 그리면 그리움이 고스란히 리얼리티(Reality)로 다가온다. 청춘이란 그 사무치게 그리운 대상을 그림으로 그리는 시기다. 그렇게 그려진 것이 곧 인생의 밑그림이

자 미래의 설계도가 된다. 지금 나의 청춘은 무엇으로 사무치고 있는가, 무엇으로 몸부림치고 있는가? 여전히 그립고, 여전히 사무친다면 나이가 몇이든 간에 여전히 청춘이다.

나의 약점을 정확히 알라

청춘은 가능성의 뿌리를 발견하는 시기다. 나는 누구인지, 미친 듯이 몰입할 수 있는 것은 무엇인지, 잘할 수 있는 일은 무엇인지, 또 부족한 것은 무엇인지, 어떻게 사랑하고 싶은지 등등 무수한 문제의식과 지혜를 찾아가는 시기다. 이처럼 객관적으로 자신을 파악하는 일은 매우 중요하다. 그래야만 강점이 더욱 향상되고, 부족한 점은 채워나갈 수 있기 때문이다. 니체 역시 스스로의 결점이나 약점을 정확하게 아는 것은 성공한 사람들의 특징 중 하나라고 말한다. 이와 관련하여 니체는 이렇게 말한다(《인간적인 너무나 인간적인》).

"그들은 결점이나 약점을 누구도 보지 못하게 숨겨두는 것이 아니라 오히려 그것을 마치 강점의 변형인 듯 위장해 내보인다. 그 점에 있어서 타인보다 교활하다. 이것이 가능한 것은 그들이 자신의 결점과 약점이 무엇인지를 정확히 알고 있기 때문이다. 대개의 사람은 자신의 약점에 대해서는 보고도 보지 못한 척 외면한다. 그러나 성공한 사람들은 그것을 똑바로 마주하며 자각한다. 그것이 보통사람과 그들의 차이다."

청춘은 계속해서 무언가를 만들어가는 단계다. 미완성 그 자체로 아름다운 시기가 청춘이다. 이 시기에 이미 무언가가 되어 있다고 해보자. 과

유라투스트라는 이렇게 말한다

연 행복할까? 그들은 성숙의 진정한 의미를 이해하지 못한다. 너무 이른 성공은 오만과 나태함을 낳을 뿐이다. 모든 청춘들이여! 그대가 얼마나 경이로운 재능을 갖고 있는지를 발견해내라. 끊임없이 자신의 가능성을 찾아 헤매는 한 그대는 영원한 청춘이다.

마음이 먼저 늙는 사람도 정신이 먼저 늙는 사람도 있다. 그런가 하면 젊은 나이에 백발 노인이 되는 사람도 있다. 그러나 뒤늦게까지 젊음을 누리는 사람이 그 젊음을 오랫동 안 유지하는 법이다. ─《차라투스트라는 이렇게 말했다》

> "순진무구하고 창조의 열망에 불타고 있는 것들이야말로 태양이 온몸으로 사랑하는 것들이렷다. 저쪽을 보라. 태양이 어찌 저리도 서둘러 바다를 건너오는가! 너희는 그의 사랑의 갈증과 뜨거운 입김을 느끼지 못하는가? 태양은 바닷물을 빨아들여 그 심연을 자신의 높이에까지 들이마시려 한다. 이에 천 개나 되는 젖가슴을 갖고 있는 바다가 욕망으로 부풀어 오르는구나."
> ─《차라투스트라는 이렇게 말했다》

08
삶을 뜨겁게 애무하라

언제까지 운명을 탓할 것인가

일이 풀리지 않을 때마다 자신의 운명을 탓하는 사람들이 있다. 이들은 일이 잘 풀릴 때도 운명을 잘 타고났기 때문이라고 말한다. 일이 잘 안 되면 운명 탓이고, 일이 잘되면 운명 덕분이다. 이렇게 운명은 비난의 대상이 되거나, 칭찬의 주인공이 되기도 한다. 하지만 니체에게 운명은 주어진 그 무엇이 아니다. 운명도 그에게는 창조의 대상일 뿐이다. 타고난 운명이야 어떻든 스스로 새로운 운명을 창조하면 된다고 생각한다. 따라서 운명을 무조건 수긍하고 수동적으로 살아서도 안 되고, 운명을 거부한 채 자기 파괴적으로 살아서도 안 된다.

니체에 의하면 '참된 사랑은 사랑하는 대상까지 스스로 창조'한다. 따라서 삶을 사랑한다면 자신의 삶을 아름답게 창조하라고 말한다. 그것이 진정한 사랑이다. 이런 삶에 대한 사랑이 자신의 운명까지도 변화시킬 수 있다. 이런 삶에 대한 사랑이 니체의 운명애(아모르파티)다. 따라서 운명을 사랑한다는 것은, 어쩔 수 없는 숙명으로 받아들이며 운명을 탓하는 것이 아니다. 사랑의 뜨거운 입김으로 지금의 운명을 받아들이고 새롭고 재창조하는 것이다.

사랑에는 고통이 따른다

누군가를 진실로 사랑해본 적이 있는가? 그 사랑으로 가슴에 멍이 들 만큼 상처를 받아본 적이 있는가? 사랑이 깊을수록 고통도 깊다. 그 사랑에는 얕은 사랑으로 경험할 수 없는 수많은 위기와 아픔이 따른다. 그럼에도 우리는 진실한 사랑을 포기하지 않는다. 왜일까? 사랑은 새로운 삶을 선사하기 때문이다. 이전에 느껴보지 못한 새로운 삶이 축복처럼 쏟아지기 때문이다. 산고 끝에 새 생명이 탄생하듯 사랑으로 인한 고통의 끝자락에는 새로운 삶이 꽃처럼 피어난다.

삶을 새롭게 창조하는 데 있어서도 위기와 고통은 피할 수 없다. 그만큼 삶을 더 사랑한다는 증거다. 그렇지 않고 대충 사랑하며 사는 사람은 작은 위기와 고통이 찾아와도 쉽게 포기해버린다. 그들에게 삶의 변화란 있을 수 없다. 늘 같은 자리를 맴돌 뿐이다. 하지만 진정으로 삶을 사랑하는 사람은 자신에게 닥친 위기와 고통까지도 사랑한다. 낡은 삶을 부수는 아픔을 끝까지 감내한다. 그것이 니체가 말하는 운명을 창조하는 삶이다. 니체는 이렇게 말한다.

"존재하는 모든 것들은 자신을 뛰어넘어 그들 이상의 것을 창조하여

왔다.”

운명을 재창조하는 과정은 나의 삶을 지배해온 이전의 삶을 부수고, 내가 사랑하는 삶을 개척해나가는 것이다.

나를 최고로 사랑하라

작가 막스 루카도(Max Lucado)의 말을 하나 살펴보겠다.

'당신의 존재는 우연이 아니다. 당신은 대량 생산되지 않았고, 일괄 조립된 상품도 아니다. 당신은 창조주에 의해 신중하게 계획되었고, 특별한 재능을 받았으며, 사랑을 받으며 세상에 나왔다.'

나를 사랑하지 않는 자는 스스로를 알았다고 말할 수 없다. 하지만 나를 사랑하는 사람은 스스로의 삶을 뜨겁게 만질 수 있다. 이것이 삶에 대한 사랑이다. 지상 최고의 축복이자 의무는 자신의 가능성을 찾아내어 빛나게 살아가는 것이다. 감춰진 자신만의 독특한 잠재력에 빛을 선물하는 것이다. 세상을 아름답게 만들고 싶다면 자기 자신부터 사랑하라! 운명 따윈 별로 중요하지 않다. 운명은 내가 만들어가고 싶은 대로 만들면 된다. 그것이 창조적인 삶이다.

내 안의 잠재력과 나만의 유일함, 비교할 수 없는 나만의 강점을 사랑하라. 그래야 내 안에 숨 쉬고 있는 그 모든 가능성이 세상을 향해 활짝 문을 연다. 그 가능성의 문으로 들어가느냐 마느냐 하는 것은 순전히 나에게 달려 있다. 내 안의 가능성을 찾아 부단히 시도하고 도전하는 사람, 이들이야말로 자신의 운명을 사랑하는 사람이다. 비록 어제의 나는 불운한 운

유라투스트라는 이렇게 말한다

명을 타고 났지만, 오늘은 얼마든지 멋진 운명으로 바뀔 수 있다. 내일의 삶은 더 말할 것도 없다.

"미래가 불확실하고 불안하다. 결정된 것은 아무것도 없다. 그리고 끝난 것도 아무것도 없다. '생은 고통일 뿐이다.' 이렇게 말하는 자들도 있는데, 거짓말이 아니다. 자, 그렇다면 그렇게 말하는 너희들은 이제 끝내도록 하라! 고통에 불과한 생을 끝내도록 하라!"

우리는 한 방울 이슬이 떨어졌다 하여 파르르 떨고 있는 저 장미 꽃봉오리와 어떻게 같은가? 그렇다. 우리가 삶을 사랑하는 것은 삶에 익숙해 있기 때문이 아니라 사랑에 익숙해 있기 때문이다. ─《차라투스트라는 이렇게 말했다》

> "너희들은 미래를 분만하는 자, 미래를 양육하는 자가 되어야 하며, 씨 뿌리는 자가 되어야 한다. (…) 앞으로는 어디에서 왔는가가 아니라 어디로 가고 있는가 하는 것을 너희들의 명예로 삼아라! 너희 자신을 뛰어넘고자 하는 의지와 발길, 그것들을 새로운 명예로 삼아라!"
> ─《차라투스트라는 이렇게 말했다》

09
빛나는 미래를 건축하라

현재도 미래의 몸이다

흔히 미래(未來)를 아직[未] 오지 않은 내일(來日)이라고 생각한다. 하지만 니체에게 미래란 아직 오지 않은 내일이 아니다. 이미 현재에 존재하지만 스스로 느끼지 못하는 또 다른 현재다. 그래서 니체는 현재에도 얼마든지 '미래 속으로 날아갈 수 있다'고 말한다.

현재 속에 존재하는 미래. 그것은 어떻게 가능한가? 지금 여기 현재에 살면서도 다가올 미래를 임신하고 그 미래를 출산하는 것이다. 미래를 분만하는 자가 되려면 현재에 미래의 씨를 임신해야 한다. 물론 어떤 미래를 임신하느냐에 따라 태어날 미래의 자손이 결정된다. 니체는 미래를 변화시키는 힘이 바로 현재에 있다고 말한다. 당연한 이야기다.

과거도 미래의 몸이다

과거를 이미 지나간 일이라고 생각하는가? 그런 사람에게 과거는 죽은 시간일 뿐이다. 하지만 미래를 건축하는 사람에게 과거는 새로운 성찰의 재료이며, 미래 건축의 훌륭한 자양분이다. 그들은 과거를 후회하지도 않으며 미련을 둔 채로 아름답게 채색하지도 않는다. 오로지 현재보다 나은 미래를 위해 과거를 긍정할 뿐이다. 따라서 미래를 멋지게 건축하려는 자에게는 과거의 일들이 배움의 원천이며 깨달음의 지혜가 된다.

이처럼 지나간 과거 속에도 얼마든지 풍요한 미래를 발견할 수 있다. 불 꺼진 잿더미 속에서 희망의 빛을 발견하듯 흘러간 과거 속에서 우리는 미래를 살아가는 지혜를 얻는다. 쓰레기 더미 속에서도 쓰레기만을 보는 사람이 있고, 생각의 재료를 건져올리는 사람도 있다. 중요한 것은 미래를 건축하려는 자의 날카로운 눈이다. 미래의 눈을 가진 사람은 지나간 과거 속에서도 미래를 건축할 재료들을 섬세하게 찾아낸다. 그래서 니체는 이렇게 말한다.

"미래를 건축하려는 자만이 과거를 심판할 권리를 갖는다."

과거를 바꿀 수는 없지만 현재를 새롭게 창조함으로써 얼마든지 과거를 변형시킬 수 있다. 지난 과거가 후회스럽고 절망뿐이라면, 그 과거까지도 멋지게 변신시키는 법을 배워라. 그것은 현재의 시간을 새롭게 창조하는 것이다. 현재의 시간을 새롭게 창조함으로써 과거와 미래까지도 새롭게 창조하는 것이다.

과거와 현재는 미래의 재료다

우리의 태도 하나하나가 자신의 매일의 역사를 만드는 것처럼, 우리의 어제와 오늘이 미래를 만든다. 무심히 한 지금의 행동 하나하나가 미래를 출산하는 하나의 씨앗이라고 생각해보라. 그 어떤 시간도 허투루 보낼 수 없으며, 그 어떤 상황에서도 함부로 행동할 수 없다. 그리고 언제든 꿈을 잊어서는 안 된다. 이상을 버려서는 안 된다. 지금의 내 행동과 사고 하나하나에 꿈과 이상이 깃들여 있어야 한다. 그렇지 않으면 아래 니체의 말처럼 우리의 삶은 이내 혼탁해지고 만다(《차라투스투라는 이렇게 말했다》).

"누구나 높은 곳을 목표로 한 이상과 꿈을 가지고 있다. 그것이 과거의 일이었다며, 청춘 시절의 일이었다며 그리운 듯 떠올려서는 안 된다. 지금도 자신을 발전시키기 위한 이상과 꿈을 포기해서는 안 된다. 어느 사이엔가 이상과 꿈을 버리게 되면 그것을 말하는 타인이나 젊은이를 조소하게 된다. 시샘과 질투로 마음이 물들어 혼탁해지고 만다. 발전하려는 의지나 자신을 이기려는 마음 또한 버려지고 만다. 나은 삶을 살기 위해서, 자신을 하찮게 여기지 않기 위해서라도 결코 이상과 꿈을 버려서는 안 된다."

종종 옛날이야기를 꺼내며 한숨짓는 사람들이 있다. '그땐 참 꿈도 많았고, 하고 싶은 것도 많았는데…'라고 말하는 사람들의 현재 모습을 보면 어떤 생각이 드는가? 그들에겐 날고 싶은 미래가 없다. 꿈을 잊었기 때문이다. 내가 지금 꾸는 꿈이 미래의 나를 살게 하는 자양분이라고 생각한다면, 우리는 결코 꿈을 포기할 수도 현재의 시간을 헛되이 보낼 수도 없다. 좀 더 그럴 듯한 미래를 건축하고 싶다면 반드시 제대로 된 설계도가 필요하다. 우리의 어제와 오늘이 바로 그 설계도다.

너희들은 미래를 분만하는 자, 미래를 양육하는 자가 되어야 하며, 씨 뿌리는 자가 되어야 한다. — 《차라투스트라는 이렇게 말했다》

"산을 오른다. 짐승처럼, 망설임도 없이, 땀범벅이 되어 오직 정상을 목표로 오를 뿐이다. 오르는 동안 눈부시게 아름다운 꽃의 풍경이 펼쳐질 테지만, 오로지 높은 곳을 향하는 것 외에는 알지 못한다. 그것이 여행이든 늘 하는 일이든, 하나의 것만 탐닉하고 다른 것은 완전히 잊어버린다. 사람은 그 같이 우매한 짓을 때때로 저지른다."

—《인간적인 너무나 인간적인》

10
천 가지 꿈을 꾸어라

왜 한 가지 꿈만 꾸는가?

우리는 흔히 목표를 세울 때 한 가지에만 집중한다. 그러고는 목표를 달성하면 큰 성공이라도 이룬 듯 착각에 빠진다. 반대로 그 목표를 달성하지 못하면 모든 것을 잃은 것처럼 좌절한다. 왜 목표가 하나뿐이라고 생각하는가? 하나가 아닌 수많은 하나들이 있다고 생각할 수는 없을까? 예를 들어 서울에서 부산까지 내려가는 방법은 여러 가지가 있다. 자가용을 타고 가거나 기차나 고속버스, 비행기를 이용할 수도 있다. 또 자가용을 이용할 때도 국도로 갈지, 고속도로로 갈지 선택할 수도 있다.

우리의 삶도 마찬가지다. 만약에 나의 목표가 하나뿐이고 그 목표에 도달하는 길도 하나라면 그때부터 마음은 불안하고 조급해진다. 옆을 돌아볼 여유도 없이 앞만 보고 달린다. 빨리 달리면 달릴수록 시야는 좁아지고, 주변의 소리 또한 들리지 않는다. 보지도, 듣지도 못한 채 그저 앞만 보며 정신없이 달린다. 목적지에 최대한 빨리 도착하기 위해서는 속도와 효율만이 중요하기 때문이다.

니체에게 삶은 결핍이 아니라 과잉이다. 세상에는 하나의 목표와 하나의 길만 있는 게 아니라, 천 개의 길과 천 개의 삶이 있다. 나를 풍성하게 만들어줄 수많은 길과 삶이 있는데도 단지 나의 부족함과 나태함 때문에 발견하지 못하고 누리지 못하는 것뿐이다.

세상에 길은 너무 많다

하얗게 쌓인 눈 위를 걸어본 적이 있을 것이다. 아름다운 모습과 달리 막상 그 위를 걷고자 할 때면 왠지 모를 불안감이 엄습한다. 과연 걸어가도 되는 길인지, 혹시라도 눈 밑에 구덩이가 숨어 있는 건 아닌지 영 불안하다. 하지만 두려움을 떨치고 첫발을 내딛기 시작하면 이내 내 뒤로 발자국이 하나씩 생긴다. 그렇게 용기를 내어 수차례 오가다보면 어느새 발자국들이 하나의 길을 만든다. 나의 걸음을 통해서 말이다.

하나의 길만 찾는다면 나의 삶은 하나밖에 보이지 않는다. 반대로 수천 개의 길을 찾는 자에게는 수천 개의 삶이 보인다. 그래서 니체는 이렇게 묻는다.

"어떤 사막도 옥토로 바꿀 수 있을 만큼 풍성한가? 아니면 어떤 옥토도 사막으로 바꿔버릴 만큼 메말라 있는가?"

삶에는 같은 길이란 없다. 그리고 틀린 길도 없다. 중요한 것은 나의 길을 만들어내고 찾아내는 능력이다. 표준화된 하나의 길이 정답은 아니다. 모두가 그 길을 가야 하는 것도 아니다. 누구나 그 길만 향해 걷는다면 넘쳐나는 사람들로 이리 채이고 저리 부대껴 제대로 걸을 수조차 없게 된다. 세상에는 우리의 생각보다도 많은 길이 있다. 다만 학습된 것에만 길들여진 나의 눈에 보이지 않을 뿐이다.

이런저런 길을 찾다보면 문득, 심장이 뜨거워지는 길 위에 서게 될 때가 있다. 내 욕망의 물줄기가 흐르는 길! 내가 찾아야 할 것은 바로 그런 길이다. 하지만 많은 길을 걸어본 경험이 있어야 내 마음을 흔드는 길을 느낄 수 있다. 정답이 아닌 길이라도 가봐야 하는 것이다. 내 심장이 뛰지 않는 길이라면 과감하게 벗어나 다른 길을 찾아 떠나는 용기가 이때 필요하다. 가슴이 뛰지도 않는 길을 목표인 양 걸어간다면, 니체의 말처럼 일의 의미를 잃는 것뿐만 아니라 '결국에는 자신의 인생 자체를 잃는' 일이 벌어진다. 가슴이 뜨거워지는 길을 찾아 즐겁고 의미 있게 사는 것, 그것이 니체가 우리에게 요구하는 삶이다.

위대한 꿈을 꾸어라

지금 어떤 꿈을 꾸고 있는가? 이와 관련하여 니체는 "지금이야말로 자신의 목표를 세울 때다. 지금이야말로 자신의 최고 희망의 싹을 틔울 때다."라고 말한다. 현실에 잠들어 있는 나를 흔들어 깨워 나를 획기적으로 변신시킬 수 있는 꿈을 꾸어야 한다. 내 심장을 뛰게 하는 그 꿈을 향해 걸어가야 한다. 그 길은 누구의 것과도 비교할 수 없는 나만의 길이다. 내가 걷고 있는 길을 타인의 길과 평균적인 잣대로 재단하고 비교할 수는 없다. 모두가 가고자 하는 그 길이 모두의 가슴을 뜨겁게 하는 것은 아니다. 저마다 꿈이 있고, 저마다 꿈에 어울리는 길이 있게 마련이다. 그래서

세상에는 천 개의 길이 있고 천 개의 삶이 있다. 니체는 이렇게 말한다
《즐거운 지식》).

"이곳이 아닌 어느 먼 장소에, 알지 못하는 이국의 땅에 자신이 찾는
것, 자신에게 가장 맞는 것을 찾으려는 젊은이들이 지나치게 많다. 실
은 자신이 한 번도 시선을 주지 않았던 발 아래에 끝없이 깊은 샘이 자
리하고 있다. 추구하는 것이 묻혀 있다. 자신에게 주어진 많은 보물이
잠들어 있다."

니체의 말처럼 꿈을 향해 가는 그 길은 다른 이의 꿈속에 존재하지 않
는다. 바로 내 발 아래에 천 개의 보물이 묻혀 있다.

아직 밟아보지 못한 천 개의 작은 길이 있다. 천 개의 건강과 천 개의 숨겨진 삶의 섬들
이 있다.　　　　　　　　　　　　　　　　　　　　　—《차라투스트라는 이렇게 말했다》

11
그럼에도 불구하고 계속 가라

오늘을 살아가는 이유

삶의 아름다움은 한 번에 완성되지 않는다. 영원한 미완성 교향곡이다. 그래서 어제와 다른 방법으로 완성을 향해 다시 꿈을 꾸는 것이다. 아름다울 '美'는 '양(羊)'이 무럭무럭 '커가는[大]' 모습을 보는 주인의 흐뭇한 마음에서 비롯되었다. 양을 바라보는 주인의 마음은 매일매일 다르다. 양은 하루가 지날수록 짧았던 털도 길어지고, 덩치도 커지면서 매일 성장하는 모습을 보여준다. 양 주인은 그런 양을 보면서 흡족해진다.

나는 내 삶의 주인이자 주인공이다. 우리는 모두 저마다의 삶의 무대 위에서 최선의 연기를 하는 주연 배우다. 그런데 배우는 끊임없이 배우는 사람이다. 오늘의 배움은 내일의 배움으로 연결되고, 내일의 배움은 더 나은 미래로 연결된다. 니체 역시 배울 의지가 있는 사람은 지루함을 느끼지 않는다고 했다. 어제와 오늘, 다시 오늘과 내일로의 변신은 끊임 없는 배움을 통해서만 가능하다. 비록 지금 힘들고 어려워도 열정적으로 살아가야 하는 이유는 가슴 뛰는 미완성 교향곡이 우리 앞에 기다리고 있기 때문이다.

그럼에도 불구하고 나아가라

니체는 "타고난 운명을 탓하지 말고 암울한 운명조차 사랑하라!"고 강조했다. 그만큼 우리의 삶은 충분히 살만한 가치가 있다. 넘어졌다고 해서 다시 일어나지 않고, 실패했을 때 좌절하여 도전하지 않는다면 삶은 그대로 정지하고 만다. 하지만 '그럼에도 불구하고' 삶은 도전할 때 더할 나위 없이 빛난다.

'그럼에도 불구하고' 살아가는 사람은 언제나 절망보다 희망을, 부정 보다 긍정을, 비난보다는 격려를 먼저 떠올린다. 이들은 긍정적인 단어를 심장처럼 품고 산다. 행복, 사랑, 희망, 열정, 활력, 몰입, 지혜, 도전, 용기 등등. 그리고 무엇이든 '지금' 당장 실천한다. 그래서 '~을 했다'고 말한 다. '내일부터 하겠다', '다음에 한번 만나자'는 말은 이들의 사전에 없다.

'그럼에도 불구하고' 도전하는 사람들에게 인생은 미완성 교향곡이다. 미완성 교향곡을 완성하기 위해 오늘도 주저 없이 도전과 실천을 멈추지 않는다. 그것이 오늘을 사는 이유다. 실제로 니체의 삶도 미완성 교향곡 이었다. 위버멘쉬로의 끊임없는 변신! 천 개의 생각을 가진 사람이었다.

어느 한순간의 나는 그 순간의 '나'일 뿐이다. 지금 이 순간이 지나고 나면 이 또한 과거로 남는다. 위버멘쉬는 누구나 추구하고 싶은 이상적 인 인간상이지만, 결코 도달할 수 없는 인간의 모습이기도 하다. 마침내 도달했다고 생각하는 순간 위버멘쉬는 더 이상 그곳에 있지 않고 저 멀리 도망가 버린다. 스스로 새로워져야만 다시 그를 만날 수 있다. 어쩌면 위버멘쉬는 신기루일지도 모른다. 다가가면 멀리 달아나고, 또 다가가면 더 멀리 달아나버리는 신기루. 그럼에도 불구하고 미완성의 나는 '완성된 나'를 만나기 위해 오늘도 걷고 또 걸어가야 한다.

언제나 미완성인 오늘

미완성(未完成)은 곧 미완성(美完成)이다. 아름다운 미(美)는 완성할 수 없는 영원한 미완성의 단어다. 아름다움은 본래 '알다'에서 유래되었다고 한다. '알다'에 '음'이 붙어서 '알음'이 되고, '알음'이 다시 '아름'으로 바뀐 것이다. 그러므로 아름다운 사람은 뭔가 제대로 아는 사람이라는 뜻이다. 그래서 깊이가 있는 사람 곁에 있노라면 아름다운 향기가 난다.

하지만 제대로 알기 위해서는 많이 아파야만 한다. 알면 알수록, 그리고 몰랐던 사실을 알아갈수록 기존의 앎에 심한 생채기가 생기기 때문이다. 그 아픈 상처 위에 새로운 앎이 자라난다. 그래서 '아름다움'은 '앓음다움'이다. 오늘의 앎은 내일의 앎으로 연결되는 다리이며, 그 다리 건너의 앎은 또 다른 다리를 건너기 위한 앎일 뿐이다. 그래서 완성된 앎은 존재하지 않는다. 미완성의 앎만 있을 뿐이다.

나는 어떻게 이 일을 견뎌냈는가? 나는 어떻게 이 같은 상처를 이겨내고 극복했는가? (…) 그렇다. 내게는 불사신적인 것, 영원히 묻어둘 수 없는 것, 바위까지 폭파해버릴 수 있는 그 어떤 것이 있다. 나의 의지가 바로 그것이다. ─《차라투스트라는 이렇게 말했다》

> 오늘은 승리의 하루다. 나의 불구대천의 적인 중력의 악령이 벌써 무릎을 꿇고는 도망치고 있지 않은가! 오늘 하루가 고약하고 어렵게 시작하더니만, 이제 이토록 멋있게 끝나려나 보다!
>
> —《차라투스트라는 이렇게 말했다》

12
오늘도 삶에서 승리하라

매일 지독하게 반복하라

승리(triumph=try+umph)란 무수한 시도(try) 끝에 마침내 '흠(umph)'이라는 감탄사가 터져 나온다는 말이다. 수많은 시행착오 끝에 찾아오는 선물이 바로 승리라는 의미다. 혹시 승리의 감탄사에 취해보고 싶은가? 승리의 감탄사는 꾸준히 실천해온 사람만이 누리는 특권이다. 매일매일 하는 일이 나의 존재를 말해준다. 매일 게임을 한다면 게임 중독자가 되거나 프로 게이머가 될 수 있다. 전자는 게임에 빠져서 헤어나오지 못해 중독이 되고, 후자는 지독한 승부근성으로 게임을 필생의 업으로 삼는다. 이것이 중독(中毒)과 지독(至毒)의 차이다.

뭔가에 지독한 열정으로 빠져본 적이 있는가? 지독한 열정은 삶에서 승리하고 싶다는 강한 승부욕이다. 하고 싶은 뭔가를 매일매일 지독하게 해나가는 것이다. 그래서 지독함은 '지성(至誠)이면 감천(感天)'을 불러온다. 지독한 열정만이 지극(至極)의 경지에 오를 수 있는 유일한 힘이다. 어떤 것에 끝장을 보고 싶은가, 또 어떤 것에 지독하게 매달리고 싶은가, 기필코 삶에서 승리하고 싶은가? 그렇다면 원하는 일을 '매일매일' '지독하게' 반복하라. 니체의 말처럼 '자신에게 거는 모험'을 반복하라.

나의 승리는 진행형이다

흔히들 경쟁을 타인과 겨루는 것이라고 생각한다. 그러나 진정한 경쟁은 타인과의 경쟁이 아닌 나와의 경쟁이다. 상대는 밖이 아닌 내 안에 있다. 밖의 적보다 내 안의 적을 물리치는 것이 더 중요하다. '남보다' 아무리 잘해도, 나의 '이전보다' 못하면 성취감을 맛볼 수 없다. 이전보다 잘하려는 노력이 이전보다 나은 자신으로 변신할 수 있는 동력이다. 타인보다 잘하려고 노력하는 사람에게 경쟁은 곧 상쟁(相爭)이다. 타인을 밟고 일어서야만 내가 이길 수 있기 때문이다. 반면에 전보다 잘하려고 노력하는 사람에게 경쟁은 곧 상생(相生)이다. 자신을 포함해 모든 사람이 경쟁의 파트너로서 승리하는 게임을 하기 때문이다.

매일 그림을 보기만 하는 사람은 감상자가 되지만, 그리워하는 대상을 매일 그리는 사람은 화가가 된다. 처음부터 쉽게 원하는 그림을 그릴 수는 없다. 그렇더라도 그리고 싶은 그림의 주제를 골라서 이렇게 저렇게 그려보는 가운데 하나의 작품이 완성된다. 사실 이 모든 작품은 미완성이다. 세상에 진정으로 완성된 작품은 존재하지 않는다. 아쉬움이 남는 미완성이라야 이전과 다른 작품을 구상할 수 있다. 그래서 작품은 언제나 실패작이다. 실패작이라야 새로운 배움이 일어나고, 미완성이라야 완성을 지향한다. 미완성의 실패작을 이전과 다른 작품으로 완성하려는 지독한 열정 속에 그 사람의 품격이 드러난다. 이처럼 작품은 영원한 미완성의 다른 이름이다. 이런 의미에서 완성은 추상 명사가 아니라, 매일매일 치열한 노력을 담고 있는 동사라고 할 수 있다.

더 강한 것은 '나'다

위대함은 어느 날 갑자기 탄생하지 않는다. 사소한 호기심과 작은 실천의 반복으로 어느 순간 태어나는 것이다. 한순간도 쉬지 않고 떨어지는 작은 물방울이 마침내 큰 바위를 뚫는 것처럼 위대함은 작은 실천을 진지하게 반복한 결과다. 진지한 반복만이 완벽을 만든다(Practice makes perfect). 반복하면 어느 순간 반등(攀登)이 시작되고, 결국 반전(反轉)이 일어난다.

중국의 고전 《주역》에는 물극필반(物極必反)이라는 말이 나온다. '사물이 극에 달하면 반드시 반전을 일으킨다'는 의미다. 반전을 일으키려면 먼저 에너지를 축적해야 한다. 진퇴양난의 위기에도 흔들리지 않는 내공의 에너지다. 경마 용어 중에 추입(追入)이라는 말이 있다. 처음 출발부터 중간 지점까지는 힘을 비축하면서 선두 진영을 따라가다가 레이스 종반에 가까워지면 선두를 따돌리고 1등으로 골인하는 일종의 역전 전략이다.

삶에서의 승리도 다르지 않다. 언젠가는 승리의 그때(Timing)가 반드시 찾아온다. 꽃이 피는 시기가 모두 다르듯 사람도 각자 자신의 때(Time of my life)가 있다. 다만 그때를 위해 매일매일 지독하게 내공을 쌓는 무한반복이 동반되어야 한다. 비록 지금은 불만족하고 불편한 삶이라도 그것이 끝은 아니다. 그러니 매일매일 나를 가로막는 벽들과 대결하자. 그리고 나의 승리를 가로막는 그들에게 이렇게 외치자!

"나인가, 아니면 너인가!
그러나 더 강한 것은 나다."

Also Sprechen Yourathustra

니체 좀 읽어본
유영만의
아포리즘

1

니체는 나체(裸體)다

다른 눈으로 철학하다

철학은 당연한 것에 시비를 걸고 질문을 하게 만든다. 그래서 원래 그렇다고 생각하는 타성에서 벗어나 가슴에 물음표를 품고 낯선 곳으로 떠나는 여정이다. 철학을 한다는 말은 이제까지와는 다른 사유로서 삶에 질문을 한다는 의미다. 다른 질문이 다른 답을 가져온다. 철학은 구름 위에서 노니는 관념의 유희가 아니다. 고달픈 인생을 살아가면서도 그 고통을 극복하기 위한 고뇌에 찬 사유의 과정이다. 철학을 한다는 의미는 누구도 던지지 않은 질문을 던져 낯선 가능성을 찾아내는 사유의 과정이자, 엉킨 실타래 속으로 파고들어가 넓게 찾아보는 사색의 과정이다. 이런 사유와 사색의 결과는 이전과는 다른 사고를 불러오며, 그 결과 다른 철학적 사상을 낳는 원동력이 된다.

철학은 사고 근육을 단련시켜 시련과 역경에도 쉽게 무너지지 않고,

다양한 가능성을 모색하게 하는 힘이다. 또한 당연하다고 생각하는 현상이나 주제에 대해서 집요하게 물어보게 만든다. 살아가면서 직면하는 근본적인 문제들을 사유하는 과정에서 나는 왜, 어떻게, 무엇을 위해서 살아가야 하는가를 깨닫게 된다. 끊임없는 고민과 번뇌, 어쩔 수 없이 직면하는 시련과 역경, 예측하기 어려운 시행착오와 견딜 수 없는 슬픔과 고통, 이 모든 게 철학자의 사유 속에서 이루어진다.

철학자는 이처럼 삶의 모든 문제를 근원적으로 파고들어 그 가능성의 문을 열어주면서 다르게 생각할 수 있는 대안 모색의 힘을 길러준다.[*]

나력(裸力)으로 승리하다

이런 점에서 우리는 니체에게 많은 것을 배울 수 있다. 대담한 발상, 정열적인 삶, 통찰력으로 번뜩이는 아포리즘, 급소를 찌르는 촌철살인, 그리고 무엇보다도 니체는 삶과 철학을 일심동체로 생각한다. 그는 고정관념과 안주하는 타성에서 벗어나 낯선 만남을 끊임없이 추구했다. 니체는 《차라투스트라는 이렇게 말했다》에서 십 년간의 산상수련 끝에 현실에 안주하면서 신에게 의지하는 나약한 인간을 향해 '신은 죽었다!'라고 과감하게 선언한다. 엄밀히 말해서 차라투스트라가 '신'을 죽인 것이다. 자신의 본분을 다하지 않으면서 신에게 의지하려는 의존적 인간을 향해 '의지(依支)'하지 말고, 자신의 '의도(意圖)'대로 살아가는 '의지(意志)'의 인간으로 거듭날 것을 촉구한 것이다.

그는 '인간의 참된 소명은 자기 자신에 도달하는 일'이라고 했다. 자기

---

[*] 철학자는 삶을 사유하는 자인 동시에 삶을 살고 공감하는 자다. 그래서 철학자는 생각하는 것에서 한 걸음 더 나아가 눈물을 흘릴 수 있는 자다. 그러나 철학자는 여기에서 멈추지 않고 눈물의 근원을 묻는 자다. - 김선희, 《쇼펜하우어 & 니체: 철학자가 눈물을 흘릴 때》

자신에게 도달하기 위해서는 누구의 의지에도 기대지 않고 홀로 우뚝 서야 한다. 허황된 생각과 가식을 걷어내고 내가 누구인지를 끊임없이 물어야 한다. 밖으로 던지는 질문이 아니라 안으로 파고드는 질문이 나를 이해하는 지름길이다.

우리는 수많은 수식어를 달고 다닌다. 나의 경우도 지식생태학자, 학습건강전문의, 지식산부인과의사, 대학 교수이자 작가 등 이름 석 자 이외에 수많은 수식어가 붙지만, 어떤 면에서 이런 타이틀은 참다운 나를 만나는 과정을 방해하는 장막이다. 오직 이름 석 자만 남겨놓고 모든 것을 지웠을 때도 여전히 나는 빛날 수 있는지를 물어야 한다. 이처럼 맨몸으로도 빛나는 힘이 바로 나력(裸力, naked strength)이다.

한국 경영철학의 대가 윤석철 교수는 《삶의 정도》에서 영국의 계관시인 테니슨의 시 〈오크(Oak, 떡갈나무나 졸참나무 등의 총칭)〉를 인용하면서 인생과 기업을 올바르게 관리하기 위한 조건으로 '나력'을 강조했다. '나력'은 겨울에 잎을 다 벗은 오크가 '적나라(赤裸裸)한 힘'을 가진다고 예찬한 데서 비롯된 말이다. 즉 권력을 휘두르던 정치가가 권좌에서 물러나거나 잘나가던 대기업 임원이 어느 날 문득 해고 통지를 받았을 때, 인기 절정의 연예인이 고공행진을 하다가 갑자기 추락했을 때, 저명한 학자가 명예의 옷을 벗었을 때도 여전히 많은 사람들로부터 존경받을 수 있는 인간적 매력이 '나력'이다. 누구의 힘을 빌리지 않고도, 어떤 조직이나 시스템적 지원을 받지 않고도 빛을 발할 수 있는 영향력이다. 등반가가 후원단체로부터 많은 금전적 지원을 받고 첨단 장비를 동원해 셰르파의 도움을 받아 정상을 정복했다면, 그는 나력이 부족한 산악인이다. 진정한 나력의 산악인이라면 기존의 '속도 경쟁'에서 벗어나 산과 하나가 되어 온몸으로 산의 정상에 오르는 '의미 경쟁'을 하는 사람이어야 한다.

낯선 시선으로 떠나다

대표적인 사람이 영국의 등반가 앨버트 프레더릭 머머리(Albert Frederick Mummery)다. 머머리는 19세기 말에 주로 활동하면서 당시 정해진 능선을 따라서 산을 오르는 등정주의와는 달리 알려지지 않은 벽을 통해 산에 오르는 등로주의를 창시했다. 1880년대에 머머리는 등산계로부터 이단자 취급을 당했지만 알파니스트들에게는 새로운 등산 철학을 알려준 시조였다. 등정주의로 일관한 알파니스트들에게 정복해야 할 미답봉(未踏峯)이 없어지면서 남다른 방법으로 산에 오르는 과정을 중시하게 되었다. 알파니스트들의 눈은 이제 '정상 정복'이 아니라 '낯선 등로' 개척으로 옮겨갔다. 이제까지 누구도 시도하지 않은 새로운 길, 다른 등반가가 어렵고 위험하다고 포기한 불확실한 길을 새롭게 개척해보려는 시도가 등로주의를 낳게 한 원동력이었다.

'길이 끝나는 곳에서 비로소 등산은 시작된다'는 머머리의 말은 '시작은 끝에서 시작된다'는 의미로 이해할 수 있다. 남들이 더 이상 갈 곳이 없는 끝이라고 하지만, 등로주의자에게는 새로운 가능성이 시작되는 출발 지점이다. 등정주의자에게 끝은 인간의 힘으로 더 이상 어쩔 수 없는 한계선이지만, 등로주의자에게 끝은 새로운 도전이 시작되는 곳이다. 등로주의자는 '뜻이 있는 곳에 길이 있다'는 말을 믿는다. 길의 끝에서 새로운 희망을 잉태하고 의지를 불태우며 도전을 시작한다. 등로주의자는 앞이 막히거나 급할수록 옆으로 돌아가는 우회적 전략을 사용한다. 그들에겐 하루하루가 위기이고 넘어서야 할 장벽이지만 그래도 실패를 두려워하지 않고 처절하게 절망하고 정직하게 희망한다. 니체의 표현처럼 몰락했지만 그 몰락을 기반으로 재도전을 감행하고, 감행의 결과 이전에 가보지 못한 색다른 길을 찾아 삶의 의미와 보람과 가치를 만끽하는 것이다.

절망에서 희망을 틔우다

성공회대 신영복 교수도 《주역》의 64괘 중 가장 어려운 상황을 나타내는 박괘(剝卦)에 나오는 '석과불식(碩果不食)'을 인용하면서 '나목'(裸木)의 위대한 힘을 설명한다. '석과불식'은 본래 '씨과실은 먹지 않는다'는 의미다. 주역에서 박괘는 세상이 온통 악으로 넘치고 단 한 개의 양효(선)만 남아 있는 상태인데, 그 한 개의 양효마저 언제 음효(악)로 전락할지 모르는 절체절명의 상황을 말한다. 그런데 이 박괘는 '절망이 곧 희망의 기회'임을 함축하고 있다. 신영복 교수는 《강의》에서 박괘를 아래의 주석과 같이 설명한다.*

'석과'란 하나 남은 과실로 내년에 뿌릴 씨앗을 뜻한다. '석과'를 지키기 위해서는 엽락(葉落), 즉 잎사귀를 떨어뜨리는 일이 필요하다. 엽락은 곧 거품을 거둬내는 것, 달리 말해 현실 직시를 방해하는 환상을 청산하는 노력이다. 엽락을 하고 나면 나무의 몸이 적나라하게 드러난다. 이를 체로(體露)라고 한다. 몸이 노출된다는 뜻이다. 사회적 허례허식이나 환상을 걷어내면 개인의 뼈대와 한 사회의 뼈대가 선명하게 보인다.

한 사회의 정치적 주체성은 어느 정도인지, 경제적 자립 기반, 문화적 기능은 어느 정도인지, 환상에 가려서 보이지 않던 게 보이기 시작한

---

*박괘는 늦가을 잎이 모두 져버린 감나무 가지 끝에 빨간 감 한 개를 남겨놓은 그림으로 표현할 수 있지요. 이 그림에서 가장 먼저 주목해야 하는 것은 모든 잎사귀를 떨어버리고 있는 나목입니다. 역경에 처했을 때 우리가 제일 먼저 해야 하는 일이 잎사귀를 떨고 서는 일입니다. 그리고 앙상하게 드러난 가지를 직시하는 일이라고 생각합니다. 거품을 걷어내고 화려한 의상을 벗었을 때 드러내는 구조를 직시해야 한다는 것이지요.

다. 떨어진 잎사귀, 엽락은 뿌리를 따뜻하게 하는 거름으로 작용한다. 이를 분본(糞呋)이라고 한다. '분(糞)'은 쌀(未)이 달라진 것(異), 즉 '거름'이라는 뜻이다. 떨어진 입사귀로 뿌리(呋)를 거름해야 하는 것이다. 여기서 '본'은 사람이다. 자기 자신이기도 하고, 우리 사회의 가장 중요한 사람이기도 하다. 사람을 키워내는 것, 갇혀 있는 사람을 해방시키는 것, 갇혀 있는 문맥에서 탈피하는 것, 이런 것들이 사람을 키워내는 일이다. 사회에 가장 저력으로 묻혀 있는 가능성을 키워내는 일이다. 떨어진 잎사귀가 뿌리의 거름이 되듯 절망은 희망의 싹을 틔우는 밑거름이다.

일체의 껍데기를 벗기다

'겨울이 오면 봄도 멀지 않겠지…' 이런 생각은 안이한 답습의 언어이며 언제 이루어질지 모르는 '소망'일 뿐 결코 '희망'의 언어가 아니다. 희망은 나목이 가장 절망적인 추운 겨울 동안에도 새봄을 경작하는 보이지 않는 숨은 노력이다. 나목은 엽락분본(葉落糞本), 곧 잎사귀를 떨어뜨리며 그것으로 뿌리를 거름하는 미래를 준비한다.

신영복 교수는 희망을 경작하는 일은 불필요한 허식과 낭비를 걷어내고, 우리 사회의 구조를 직시하되, 낙엽으로 뿌리를 거름하는, 이른바 근본으로 되돌아가는 귀본(歸本)으로 이어져야 한다는 점을 분명하게 밝히고 있다. 지금 나목의 절망은 가장된 허식과 위장된 막연한 환상을 청산하고 철저하게 현실을 직시하면서 미래를 내다보는 희망의 몸부림이다. '삶은 죽음에서 생긴다. 보리가 싹트기 위해서는 씨앗이 죽지 않으면 안 된다'고 말한다. 마찬가지로 희망은 절망 속에서 싹이 자란다. 강을 버려야 바다에 이를 수 있고, 꽃잎을 버려야 열매를 맺을 수 있으며, 단풍잎을 버려야 겨울을 날 수 있다. 고정관념을 버려야 새로운 생각을 품을 수 있고, 지금 여기를 버려야 미래를 맞이할 수 있다.

'버림'은 새로운 가능성의 '얻음'이다. 새싹을 얻기 위해서는 낙엽을 버려야 하듯이 새로운 희망을 틔우기 위해서는 절망해야 한다. 몰락하는 절망의 나락은 살아가려는 자의 삶에 대한 강렬한 희망의 터전이다. 삶은 살아가는 것이지 살아지는 게 아니다. 살아가야 사라지지 않는다. 삶은 살지 말지를 선택하는 대상이 아니라 그럼에도 불구하고 살아가야 하는 운명이다. 살아감 속에서 사람됨이 완성된다. 물길을 거슬러 운명의 파도를 넘는 연어가 한없는 나락으로 추락했다가 다시 불굴의 의지로 목적지를 향하듯이 우리는 모두 고난의 파도를 넘어 살아가야 한다.[*] 살아가려는 사람만이 자신의 의지대로 살아갈 수 있다.

겨울 입구에 서 있는 나무가 삭풍에 낙엽을 떨어뜨린 뒤 나목으로 추운 겨울을 견뎌내며 새봄을 맞아 희망의 싹을 틔우듯이 이 시대의 허위의식과 환상을 청산해야 새로운 가능성의 꿈을 꿀 수 있다. 희망은 그래서 절망 속에서 피어나는 인동초(忍冬草)와 같다. 고난의 한 복판에 서서 고난 이후의 가능성을 경작하듯이, 어둠의 끝에서 밝은 희망의 미래를 꿈꾸는 것이다. 자신을 둘러싸고 있는 모든 환상과 허상을 걷어내고 주어진 현실을 직시할 때 가능성의 꽃을 피울 수 있다.

여기서 환상과 허상은 니체의 용어로 표현하면 '신'이다. '신은 죽었다'고 선언한 니체의 의도는 영원불변하는 형이상학적 진리의 건물에 들어앉아 살아가는 온갖 형태의 우상을 망치질로 무너뜨리는 데 있다. 존재하지도 않는 절대 진리(또는 순수 진리)에 의존해 관념의 거품을 양산해 온 형이상학을 망치로 부수고, 새로운 삶의 가치를 복권하기 위해 자신

---

[*] 연어가 아름다운 것은 떼를 지어 거슬러 오를 줄 알기 때문이야. 거슬러 오른다는 것은 지금 보이지 않는 것을 찾아간다는 뜻이지. 힘겹지만 아름다운 일이란다. - 안도현,《연어》

유라투스트라는 이렇게 말한다

의 철학을 '망치질'로 비유한 것이다. 내가 믿고 있는 신념과 도덕, 진리와 가치를 망치로 부숴버리고 나를 올곧이 다시 세워야 한다. 내가 입고 있던 관념의 옷, 나를 포장했던 환상의 외투를 벗어던지고 내가 누구인지를 찾아 나서는 낯선 여행을 떠나야 한다. 내 이름 석 자 이외에는 다 버려야 한다. 나를 포장(包裝)했던 허상, 나를 위장(僞裝)하기 위해 보여준 생각과 행동, 나로 가장(假裝)했던 모습에서 벗어난 나체(裸體)로서의 내가 나의 본 모습이다.

끊임없이 버림으로써 새로워지다

니체가 나체(裸體)인 이유는 벗음으로써 새로워지기 때문이다. 기존의 것을 철저하게 부정하거나 버림으로써만 새로운 것을 구축할 수 있다. 한 그루의 나무는 모든 잎을 버리고 나목이 되어 한겨울을 견딘 다음 새봄에 새롭게 태어난다. 마찬가지로 '나'라는 존재를 덮어씌우고 있는 헛된 껍데기를 과감하게 버리고 나의 나체로서 새로운 출발을 시작할 수 있다.

2

니체는 신체(身體)다

먼저 몸으로 느껴라

머리로 '기억'하는 것보다 손으로 '기록'하는 것이 더 오래간다. 그 이유는 '기억'은 머릿속에 저장되는 생각이지만, '기록'은 몸으로 느껴지는 활동이기 때문이다. 기록은 몸으로 느낀 체험적 감각이 체화(體化) 또는 육화(肉化)된 것이다. 몸에 각인된 체화나 육화의 흔적은 머리에 각인된 기억보다 오래가며, 재생할 때도 현실감이 훨씬 살아 있다. 《느낀다는 것》의 저자 채운은 '경험하지 않아도 알 수는 있지만, 느낄 수는 없다'고 단언한다. 이처럼 느끼기 위해서는 몸을 움직이는 체험적 활동이 이루어져야만 한다.

체험으로 느낀 감각이 몸의 기억에 저장되면 머리의 기억보다 더 생생하게 재생될 수 있다. 예를 들어 어린 시절 자전거를 배우던 때를 떠올려보자. 자전거 타는 법을 매뉴얼로만 기억하면, 실제 자전거를 탈 때 왜 넘어지게 되는지, 또 그 순간 어떻게 하면 안 넘어지게 되는지 등의 원리와 이유를 온몸으로 체험하지 못한다. 넘어지고 도전하기를 반복해야만 다양한 상황 속에서 자전거를 잘 탈 수 있는 요령을 자연스럽게 터득하게 된다. 이것이 바로 몸으로 느끼면서 익히는 체험적 활동이다. 넘어질 것 같은 상황에 처하면 우리는 무의식적으로 넘어지지 않기 위한 동작을 취한다. 수많은 실수와 실패 속에서 체험된 요령이 몸에 각인되기 때문이다. 머리가 명령하기 이전에 몸이 먼저 움직이는 것이다.

머리로 생각하는 것은 복잡한 과정을 거친다. 하지만 몸으로 느끼는 것은 단번에 다가온다. 생각하는 과정은 그만큼 옳고 그름을 판단하는 데 필요한 다양한 자료와 배후 사연 등이 복잡하게 얽혀 있다. 그래서 진위(眞僞) 여부를 쉽게 판단하기 어렵다. 하지만 뭔가를 좋아하는지 싫어하는지는 금방 알 수 있다. 음식을 봤을 때도 그렇다. 논리적으로 분석하기 이전에 느낌이 먼저 온다. 느낌(Feeling)은 언제나 앎(Knowing)보다 먼저 달려온다. 그 느낌은 우리를 속이지 않는다. 좋으면 좋은 느낌이, 싫으면 싫은 느낌이 그대로 몸으로 느껴지는 것이다. 왜 좋은지, 왜 싫은지를 설명할 수는 없지만, 좋은 것은 좋은 것이고 싫은 것은 싫은 것이라고 느낌이 말해준다.

맛은 매뉴얼이 아닌 손맛에 있다

음식 맛은 쉽게 매뉴얼이나 객관화된 지식으로 문서화할 수 없다. 왜냐하면 음식 맛을 내는 비결은 머릿속에 기억되는 것이 아니라 손끝에 기억되기 때문이다. 음식 맛은 음식을 어떻게 만들 것인지에 대한 논리적 기교의 싸움이 아니라 음식을 만드는 사람의 정성과 혼의 싸움이다. 그 맛은 음식 재료와 손이 만나는 순간 그 오묘한 접촉을 통해서 손끝에 기억된다. 손에 기억된 음식 만들기의 여정과 그 여정 속에서 체득했던 깨달음의 노하우가 그 다음 음식을 만들 때 자연스럽게 배어나오는 것이다.

이런 순간순간 깨달음의 흔적과 노하우가 손끝에 고스란히 담겨져, 어떤 음식을 만드느냐에 따라 손끝의 표정도 달라진다. 손끝에 기억된 표정이 음식을 만들 때 살아나서 만들고자 하는 음식 속에 자연스럽게 스며들어 특유의 음식 맛이 살아나는 것이다. 김치 담그는 노하우를 매뉴얼로 만들어 전수해도 여전히 오리지널 김치 맛을 내지 못하는 이유는 김치를 담는 노하우는 머리에 기억되어 있지 않고 손끝에 각인되기 때문이다.

결국 김치 맛은 '머리 맛'의 차이가 아니라 손맛의 차이다. 음식을 만드는 사람의 지극한 정성과 음식을 먹을 사람을 상상하면서 느끼는 애틋한 마음이 손끝을 통해 음식 만들기 여정 곳곳에 스며들어 형언할 수 없는 고유한 맛을 내는 것이다.

생각이 아닌 손이 세상을 바꾼다

영어 속담 중에 '1온스의 실천이 1파운드의 관념적 생각보다 더 가치가 있다(An ounce of practice is worth a pound of percept)'는 말이 있다. 아무리 논리적으로 뛰어난 생각을 해도 그 생각을 구체적으로 실천하지 않으면 무용지물이라는 말이다. 관념적 사유의 결과가 구체적인 현장을 매개로 실천성을 확보하기 위해서는 인식 주체가 대상 속으로 들어가 천착하는 과정이 필요하다. 즉, 몸으로 느끼고 체험한 결과를 통해 탄생하는 지식이 더 중요하다. 그 열정에 이르기까지 인식 주체의 고민과 갈등, 딜레마적 상황에서 사투를 벌일 수밖에 없었던 고통의 살아 있는 기록들이 지식으로 탄생할 때 감동으로 다가온다. 그런 지식만이 자신을 바꾸고 타인을 변화시키며 세상을 바꿀 수 있다. 머리가 손을 넘어서는 안 된다. 머리로 생각하는 기교와 재치가 손의 정직함을 넘어 재주를 부리기 시작할 때, 그 사람의 전문성은 거기서 끝나고 만다.

손은 마음의 칼이다. 오랫동안 손으로 체험한 기억은 머리로 생각하는 재주를 넘어선다. 손의 기억이 시키는 대로 따를 때 머리는 가만히 기다려줘야 한다. 잔머리와 잔재주로는 위업을 달성할 수 없다. 크게 생각하고 그 생각을 구현하기 위해서 작은 실천을 진지하게 반복해야 한다. 도끼를 갈아서 바늘을 만든다는 마부작침(磨斧作針)의 끈질김과 어리석은 노인이 산을 움직인다는 우공이산(愚公移山)의 우직함이 세상을 바꾼다. 즉 생각이 세상을 바꾸는 게 아니라 생각을 실천하는 손이 세상을 바꾸는 것이다.

인간은 느끼는 존재다

머리로 생각하는 것보다 온몸으로 체험하는 깨달음이 소중함에도 불구하고 서구 철학은 이성에게 절대적 권위를 부여한 채 몸을 이성의 시녀처럼 취급해왔다. 한마디로 그동안의 서구 철학은 인간의 몸은 이성에 의해 지배받아야 마땅하다는 가정을 내세워왔다. 이런 '이성에 의한 몸의 지배는 플라톤이 몸과 욕망에 대한 이성의 우위를 주장하면서 본격화되었다.'

플라톤에 따르면 욕망은 끝없이 뭔가를 추구하고 충족해도 또 다른 욕망이 발동되기 때문에 영혼을 갉아먹는 병적 존재다. 이런 욕망은 영혼이 현실을 인식하는 과정에 걸림돌로 작용한다. 욕망은 따라서 이성에 의해 지배당하고 배제되어야 할 불손한 존재라는 것이다. 이런 점에서 욕구, 정념, 탐욕, 본능, 충동 등과 같은 신체적 욕망은 이성 중심주의 철학에서 통제되고 배제되어야 할 변덕스러움이자 어쩔 수 없는 감정의 표출이다. 이런 욕망은 이성이 미치지 않는 어두운 그림자일 뿐이다.

데카르트의 '나는 생각한다. 고로 존재한다'는 명제에서 나타나듯이 영혼이나 정신과 신체는 완전히 다른 실체로 간주함으로써 심신 이원론의 극단을 보여준다. 인식을 감각이나 욕망으로부터 분리시켜 앎의 문제를 오로지 의심할 수 없는 이성에 의존해서 밝혀보려고 했다. 이런 인간의 감각적 욕망은 프로테스탄트들에 의해 거세되어야 할 사악한 충동으로 간주되었다. 욕망을 감시하고 억제하는 금욕주의로 신체를 채찍질하고 자학하는 행동까지 저지른 것이다. 그런데 인간은 이성을 통해 분명하고 확실한 진리를 추구하는 이성적 동물이기도 하지만, 이성의 힘으로 어쩔 수 없는 욕망과 충동을 느끼고 그 느낌대로 행동하는 감정적 동물이기도 하다. 이런 생각 전환의 중심에 바로 '니체'가 있다.

신체는 커다란 이성이다

니체는 신체를 경멸하는 기존의 서구 철학을 신랄하게 비판하며《유고》에서 '몸'에 대한 믿음은 영혼에 대한 믿음보다 훨씬 더 근본적이라고 주장한다. 그는 이제까지 이성 중심주의 철학이 배제했던 몸과 욕망을 철학의 중심에 세우고 생명 현상을 새로운 각도로 조명할 수 있는 전기를 마련했다.[*]

니체는 오히려 정신이야말로 신체의 도구, 이를 테면 '커다란 이성'의 작은 도구이자 장난감에 불과하다고 말한다.

---

[*]니체에게 신체는 정신이나 영혼과 육체를 포괄하는 그 무엇이다. 그가 말하는 신체는 스스로 성장하고 싸우며 스스로를 증대시키기도 하고, 자멸하는 역동적인 변화 과정을 구성하는 힘에의 의지를 갖고 있다. 인간의 신체는 어떤 상태로 고정되어 있지 않으며 고정시킬 수도 없는, 그래서 신체를 구성하는 모든 기관들이 부단히 자기 변신과 극복의 의지를 보여주는 의식 이전의 존재다. - 백승영, 《니체, 디오니소스적 긍정의 철학》

유라투스트라는 이렇게 말한다

"신체야말로 '커다란 이성'이며, 하나의 의미를 지닌 다양성이고, 전쟁이자 평화, 가축 떼이자 목자다."

그래서 정신을 신체에 비교해 '작은 이성'이고 오히려 신체가 '커다란 이성'이라고 주장한다. '커다란 이성'으로서 신체는 부단한 자기 극복의 의지를 구현하는 삶을 살아가기 위해 이성과 감각 기관을 사용한다. 이성이 신체를 통제하거나 규제하는 게 아니라, 신체는 신체를 구성하는 각 기관이 끊임없이 살아 움직이려는 힘에의 의지를 갖고 있기에 의식 이전의 활동에 의해 규제를 받는다. 니체가 신체를 기존의 이성, 즉 '작은 이성'에 비해 '커다란 이성'이라고 부른 이유는 다음 두 가지 이유에서다.

첫째, 신체야말로 스스로 자신을 재창조하면서 끊임없이 자기 극복의 의지를 지닌 존재이기 때문이다. 끊임없는 자기 극복으로서의 삶을 위해 신체는 신체를 구성하는 모든 기관들이 서로 다투며 성장하고 증식하며 사멸하는 가운데 하나의 전체인 신체를 끊임없이 성장시켜나간다.

둘째, 커다란 이성으로서의 신체는 작은 이성과는 다르게 자신의 한계가 무엇인지를 비판적으로 제어할 수 있고, 자기 한계에 대해 긍정할 수 있기 때문이다. 이 점에서 니체는 신체에 창조 주체라는 성격을 부여하면서 가치 평가 작용 혹은 의미 창조 작용을 스스로 수행한다고 주장한다.

의미와 가치가 있는지는 전적으로 신체에 의존한다. 신체와 무관하게 의미 있고 가치 있는 것으로 이미 규정된 것은 없다. 의미와 가치 있는 것은 오로지 신체가 자기 극복적인 삶을 유지하는 것과 관련해 평가된다. 여기서 말하는 자기 극복적인 삶이란 결국 자신의 정체성을 끊임없이 재형성하면서 부단히 변신을 거듭하는 '위버멘쉬'로서의 삶이다. 신체가 고정되어 있지 않고 끊임없는 변신을 통해 자기 극복의 과정을 반복하듯, 의미 있고 가치 있는지의 여부를 평가하는 과정도 신체의 변신에 맞춰서 지속적으로 이뤄지는 과정이다. 의미와 가치를 평가하는 인간의 신체도 인간적인 한계를 지닐 수밖에 없기에 자신이 부여한 의미의 한계를 인정하고 긍정한다.

그동안 신체를 배제시키고 순수한 앎, 궁극의 진리에 도달하려는 철학적 노력을 전개해왔지만, 신체 없는 정신, 신체와 분리된 이성은 원초적 욕망과 무관하지 않았음을 깨닫게 해주었다. 따라서 인간의 본능적 욕구나 충동을 올바르게 이해하지 않고서는 신체적 존재가 추구하는 의지와 열망을 올바로 이해할 수 없음을 알게 되었다.[*]

자아(自我) 뒤에 자기(自己)가 있다

생각과 느낌의 배후에는 알려지지 않은 강력한 현자가 있다. 바로 '자기'다. '자기'가 신체 속에 살고 있다. 그래서 신체가 바로 '자기'라는 것이다. 신체는 인간 자체이자 총체이다. 결국 '자기'가 '자아(自我, Ich)'를 움직인다.[**]

마치 어린아이 속에 어머니가 있듯이 행위 속에 행위 하는 '자기'가 있는 것이다. '자기'라는 신체적 행동 속에 '자아'라는 정신이 있는 것이다. 니체에 따르면 신체에는 사유하는 정신과 느끼는 감각이 있으며, 그런 것들을 추동하는 정서들, 예컨대 열정이나 욕망들이 있다는 것이다. 이런 점에서 신체는 생물학적이면서 심리학적이며, 동시에 생리학적이다.

---

[*] 감각과 정신은 한낱 도구이며 장난감이다. 그것들 뒤에는 '자기(自己, das Selbst)'라는 것이 버티고 있다. 이 '자기'가 감각의 눈을 도구로 탐색하며, 역시 정신의 귀를 도구로 해 경청하는 것이다. '자기'는 언제나 경청하며 탐색한다. – 고병권,《니체의 위험한 책, 차라투스트라는 이렇게 말했다》

[**] 자아는 행동의 원인이 아니라 결과다. '자아'는 '자기'의 행동과 실천이 있은 후에 형성된 '자기'에 대한 어떤 관념일 뿐이다. – 고병권,《니체의 위험한 책, 차라투스트라는 이렇게 말했다》

신체는 가변적이지만, 전체로서 통일적인 존재다. 그래서 니체는, 신체는 다양성 속의 통일성을 형성하고 있는 기적과도 같은 존재라고 말한다. 이런 기적과도 같은 신체를 이성과 분리시켜 이성의 통제를 받는 시녀로 만든 플라톤 이래 데카르트의 철학을 전복시키고, 신체적 욕망이 주도하는 디오니소스적 인간상을 정면에 부각시킨 것이다.

나는 무엇을 욕망하는가

니체에게 욕망은 '권력에의 의지'다.* 권력에의 의지란 모든 인간에게는 아무런 장애나 제한 없이 자유롭게 자연은 물론 다른 사람들, 그리고 자기 자신까지도 완전히 지배하고자 하는 욕망이 있다는 의미다. 이런 욕망, 즉 권력에의 의지를 통해 살아 있다는 생동감을 느끼며 환희를 경험한다. 니체는 이런 욕망하는 인간을 디오니소스적 인간이라고 했다.

충동적이고 본능적인 욕구를 이성의 힘으로 자제하려는 아폴론적 인간에 비해 디오니소스적 인간은 노래하고 춤추며 향락을 추구하려는 원초적이며 자유분방한 욕구를 지닌 인간이다. 니체는 디오니소스적 인간이 추구하는 욕구가 아폴론적 욕구에 선행하며 더 근본적인 욕구라고 말한다. 근본적으로 모든 인간은 제재와 억압으로부터 해방되어 자유분방하고 즐거운 욕망을 추구하면서 인생을 향유하려는 욕망을 지니고 있다. '권력에의 의지'는 바로 디오니소스가 자유를 찾고자 하는 욕망을 말한다. 따라서 '권력에의 의지'는 정치적 권력만을 의미하지 않는다. 오히려 권력에의 의지는 권력과 욕망이 원천적으로 통합되어 억압된 권력으로

---

* 플라톤의 의지가 욕망을 지배하기 위한 '이성적 의지'라면 니체의 권력의지는 근본적으로 '욕망의지'다. - 이진우, 《니체, 실험적 사유와 극단의 사상》

부터 벗어나려는 의지의 표현이자 본능적 충동대로 살아가려는 원초적 욕망의 표출이다.

그렇다면 니체는 디오니소스적 인간의 욕망을 '권력에의 의지'로 연결시키려고 하는 것일까? 니체에 따르면 참을 수 없는 인간의 가장 근본적이고 원초적인 욕망은 권력에의 충동이라는 것이다. 그가 말하는 욕망은 단순한 본능적 충동이나 정념이어서 이성에 의해 통제되어야 비로소 생산적 욕망으로 연결되는 것이 아니다. 오히려 욕망은 또 다른 욕망에 의해 스스로를 통제하고 지배하기 때문에 맹목적인 탐욕이나 정염으로 흐르지 않는다. '권력에의 의지'라는 개념은 권력과 욕망은 원천적으로 통합되어 있음을 보여주는 말이다. 니체의 '권력에의 의지'는 의지가 권력을 추구할 때만 생명을 유지하고, 권력은 이런 권력 의지를 통해서만 표현된다.

니체에 의하면 권력의 문제를 배제하고는 욕망의 구조를 파헤칠 수 없다. 또 욕망을 고려하지 않고는 권력을 올바로 이해할 수 없다. 니체는 이성이라는 틀로 은폐되고 지배당했던 인간의 신체에서 발원되는 욕망의 기능과 현상을 근원적으로 밝혀보려는 시도를 한 것이다. 니체가 신체인 이유는 이처럼 의식과 이성에 의해 은폐 또는 배제되었던 신체의 가장 원초적인 형태인 욕망이야말로 인간이 살아 있다는 점을 가장 극명하게 드러내주기 때문이다.

인간에게 욕망을 제거한다면 과연 무엇이 남겠는가? 욕망을 제거한다는 것은 곧 인간의 신체를 제거한다는 의미와 같다. 신체 없는 의식과 이성은 죽은 의식이나 이성과 다름없다. 신체가 갈구하는 욕망을 이해하지 않고는 인간 전체를 이해할 수 없다. 욕망하는 인간이란 결국 존재하고자 하는 갈망을 넘어서 뭔가로 자신의 힘을 표출하려는 충동의 인간이다. 욕망이 죽으면 신체가 죽은 것이며, 신체가 죽으면 인간 전체가 죽은 것이다. 살아 있는 모든 유기체가 갈망하는 것, 모든 생명 현상에 고유하게 잠재되어 있는 게 바로 욕망이라면, 욕망을 통해 자신이 갈구하는 꿈을 향해 나아가려는 의지가 니체가 말하는 '권력에의 의지'다. 따라서 '권력에의 의지'는 정치권력을 잡으려는 의지의 표출이 아니라 생존하려는 인간의 본능적 욕구이자 현실을 넘어 미지의 세계로 도전하려는 모든 생명체의 본원적 의지다.

3

니체는 전체(全體)다

니체, 삶의 거의 모든 것을 철학하다

니체는 전체(全體)의 철학자다. 니체는 자신이 만든 철학적 정초 위에 삶과 관련된 거의 모든 분야에 대해 총체적이면서도 근원적인 문제를 제기했고, 그에 대한 답을 찾으려고 노력했다. 니체는 오랜 세월 서구의 철학이 굳건하게 구축해온 형이상학을 무너뜨렸고, 그 위에 의지의 철학, 즉 스스로의 힘(권력)으로 삶을 충만케 해야 한다는 철학적 토대를 새롭게 구축하고자 노력했다. 니체가 세상을 뜬 지 120년이 지났지만 니체를 모르는 사람이 없을 정도로 그는 우리에게 익숙한 인물이다. 니체의 시적 경구나 아포리즘은 많은 사람들에게 삶의 위안을 주었다.[*]

촌철살인의 아포리즘으로 가득 찬 니체의 말. 니체의 철학에서 우리는

---

[*]짧은 몇 마디만으로도, 마음을 파고드는 경구 하나만으로도 생활 속에 무뎌진 감수성과 생명력을 일깨우는 천재적인 철학자, 니체는 '철학 카피라이터'라고 칭찬할 수 있다. - 안광복, 《처음 읽는 서양철학사》

모순과 역설로 가득한 오늘을 살아가는 데 필요한 지혜를 배울 수 있다. 머릿속에 떠오르는 생각을 일정한 체계 없이 토로하는 지적 광기의 철학자, 온갖 시대적 우상을 파괴하고 새로운 가치를 창조하는 위험한 전복(顚覆)과 전도(顚倒)의 철학자. 그는 자신을 향한 부정적인 평가에 개의치 않고 스스로 '철학자란 체계를 생각하는 사람이 아니라 문제를 생각하는 사람이어야 한다'고 주장했다. 많은 오해 속에서 믿을 수 없는 변덕쟁이 철학자라는 비판도 받았지만, 니체 철학에는 일관된 사상적 신념이 있다.*

시류에 따라 신출귀몰하는 사상적 편력으로 오염된 우리는 극단적이면서 인간적이고, 위험하면서도 위안을 주며, 과감하면서도 편안한 사유 태도를 보여주는 니체의 철학을 통해 성찰의 시간을 가질 수 있다.

니체, 혼돈의 시대 본질을 파고들다

시시각각 긴박하게 변하는 세상에서 과거와는 다르게 위기에 대처하는 지혜가 필요하다. 변화의 흐름을 읽는 것도 중요다. 그러나 흐름을 움직이는 근저(根柢)의 힘을 읽어내는 것이 더욱 중요하다. 흐름의 근저를 읽어내려면 철학적 탐색과 인식이 필요하다. 철학이야말로 근원과 본질에 대한 탐색이기 때문이다. 난세와 난국일수록 본질을 붙잡고 파고들어야 한다. 대부분의 위기는 본질의 문제이다. 즉 '위기의 본질은 본질의 위기'이다. 위기의 시대일수록 변화의 흐름을 꿰뚫어 통찰할 수 있는 스스로의 철학을 세우려는 실천과 용기가 필요하다. 이런 점에서 니체의 《차라투스트라는 이렇게 말했다》는 삶의 본질을 성찰할 수 있는 새로운 전기(轉機)를 선사한다. 그렇다면 철학자 니체는 우리들에게 어떤 말

---

* 겉으로 보기에는 비체계적이지만 실제로는 비가시적인 체계성을 갖고 역동적인 다양성 속의 통일성을 형성하고 있다. - 백승영, 《니체, 디오니소스적 긍정의 철학》

을 건넬까? 또한 니체 철학이 혼돈과 위기의 시대를 살아가는 우리들에게 실제로 도움이 될 수 있을까? 먼저 니체에 대한 선입견을 벗자. 철학적이라서 실제적이지 않을 것이며, 실제적이지 않아서 실용적이지 않을 거라는 선입견은 우리의 편견이다. 니체가 보여준 통찰력은 시련과 역경을 경험하고 있는 사람들에게 아름다운 경력을 만들어가도록 이끄는 지혜를 가르쳐준다.

니체, 그가 강조한 최고의 인간상 위버멘쉬(Übermensch)

거센 물길을 거슬러 올라가는 연어처럼, 사람도 몰아치는 세파를 헤치며 살아가야 한다. 이는 언제 추락할지 모르는 운명의 밧줄 위에서 분투하는 모습과 비슷하다. 니체는 《차라투스트라는 이렇게 말했다》에 나오는 밧줄 위의 인간을 다음과 같이 묘사한다.

"사람은 짐승과 위버멘쉬 사이를 잇는 밧줄, 하나의 심연 위에 걸쳐 있는 하나의 밧줄이다. 저편으로 건너가는 것도 위험하고, 건너가는 과정, 되돌아보는 것, 벌벌 떨고 있는 것도 위험하며 멈춰 서 있는 것도 위험하다. 사람에게 위대한 게 있다면, 그것은 그가 목적이 아니라 하나의 교량이라는 점이다. 사람에게 사랑받아 마땅한 게 있다면, 그것은 그가 하나의 과정이요 몰락이라는 점이다." - 《차라투스트라는 이렇게 말했다》

위버멘쉬(니체는 진정한 자유를 회복하고, 자신의 의지대로 살아가는 인간을 위버멘쉬라고 말했다)는 이 땅에서 우리 모두가 스스로 만들어가야 할 참다운 인간의 모습이다. 위버멘쉬는 신앙을 통해 추구해야 할 초월적 인간상이 아니라, 지금 여기서 우리가 구체적인 실천을 통해 구현해야 할 새로운 인간상이다. 누구에게 의지(依支)해서 달성해야 할 인간이 아니라 스스로 지향(志向)하고 의지(意志)로서 실현해야 할 인간이다. 니체는 위버멘쉬라는 새 인간상을 설정하고, 위버멘쉬가 되기 위해서 끊임없는 생성과 소멸의 과정을 통과해야 한다고 강조했다. 그리고 기존의 낡은 것을 철저하게 부정하고 다가오는 모든 고통을 긍정하는 삶만이 나를 재탄생시킬 수 있는 길이라고 말한다. 이처럼 니체가 말하는 위버멘쉬는 어떤 목적지에 도착했다고 안주하는 인간적 한계를 극복하는 과정을 존중한다. 지금의 한계와 경계를 넘어서는 부단한 노력을 통해 자신을 새롭게 규정하는 인간만이 위대하다. 여기에서 저기로, 지금에서 다음으로 인간적인 것으로의 끊임없는 변신과 변형을 통해서 언제나 새롭게 태어나는 인간상이 니체의 위버멘쉬다.

니체, 신체를 철학적으로 사유하다

니체는 신체를 정신의 우위에 두고 신체야말로 커다란 이성이며, 이에 반해 정신은 작은 이성이라고 말했다. 니체에 따르면, 커다란 이성인 신체가 작은 이성을 지배한다. 니체의 주장은 이제까지 신체를 정신의 하위 개념으로 생각해온 통념과 정면으로 부딪친다. 예컨대 서양의학은 인간의 신체를 개체로 구분하고 분할해서 분석해 진단을 내리고 처방해왔다. 그 처방된 신체의 일부는 치유가 되었더라도 여전히 몸 전체는 아플수 있다. 왜냐하면 신체를 부분으로만 이해했기 때문이다. 신체를 전체로 연구하고 이에 상응하는 예방과 처방이 뒤따라야 하는데도 부분에만 집중한 것이다.

이런 의미에서 니체는 신체를 육체로만 한정지어 바라보고, 정신과 분리된 별개의 개체로 생각해온 전통 서양철학에 망치질을 가한다. 이처럼 니체가 인간을 신체로 이해하는 기저에는 신체를 구성하는 다양한 기관들을 하나의 통일체로 봤기 때문이다. 그는 신체가 전체이기 때문에 독립된 개체로 이해하는 것은 불가능하다고 말한다. 신체를 구성하는 다수의 살아 있는 존재들은 각각 고유의 기능을 수행하면서 합법칙적 관계를 맺고 전체로서의 신체가 기능을 발휘하는 것이다. 나아가 니체에 따르면 신체는, 육체는 물론 영혼과 의지까지도 포괄하는 전체다. 즉 니체가 생각하는 신체는 인간을 총체적으로 지칭하는 명칭이다. 작은 이성과 육체, 그리고 영혼과 의지를 포괄하는 전체로서의 신체는 총체적 존재다. 따라서 총체적 존재로서의 신체를 편의상 부분이나 개체로 구분하여 연구하면 할수록, 총체나 전체로서의 신체에 대한 이해는 왜곡되고 편향된 주장만 낳을 뿐이다. 육체는 물론 정신과 영혼, 그리고 의지까지 포함하는 신체를 철학적으로 연구한 니체는 전체인 것이다.

"나는 전적으로 신체일 뿐, 그 이외의 것은 아무것도 아니다."

차라투스트라가 위처럼 말할 만큼 니체는 인간을 신체로 이해하면서 이성적인 동물인 동시에 육체적인 능력을 갖고 있는, 욕망하는 동물로서 인간을 총체성으로 이해하려고 했다. 결국 인간은 이성이나 의식 또는 영혼과 육체가 유기적으로 관계를 맺고 있는 전체로서의 신체에 기반을 두고 욕망하는 동물이다.

니체, 천 개의 진리를 말하다

니체가 전체인 또 다른 이유가 있다. 그는 사물의 차이를 구별할 수 있는 천 개의 눈을 가진 사상가였다. 실제로 니체는 차라투스트라의 입을 빌려 이렇게 말한다. "아직 밟아보지 못한 천 개의 길이 있다. 천 개의 건강과 천 개의 숨겨진 삶의 섬들이 있다."

니체의 철학을 몇 가지 개념이나 원리로 체계화할 수 없는 이유는 동일한 현상일지라도 니체는 천 개의 눈으로 천 가지 다른 생각과 관점으로 이해하려고 했기 때문이다. 한 가지 길에서 정답을 찾으려하기보다 천 개의 길에서 천 가지 현답(賢答)을 찾으려는 노력을 보여주었다. 따라서 아주 많은 진리들이 각축전을 벌이고 있으며, 어떤 진리도 하나의 절대 진리로 인정받지 못한다. 니체는 '진리란 무엇인가?'라고 묻지 않고 '어떤 것이 진리인가?, 어떤 것은 진리이고 다른 것은 왜 진리가 되지 못하는가?'라고 물음으로써 진리가 지향하는 의지나 가치를 밝히려고 했다. 니체는 진리에 담긴 힘이나 진리를 사로잡고 있는 의지를 밝힘으로써 진리에 담긴 숨은 표현과 의도를 탐구했다. 세상에는 한 가지 절대 진리는 존재하지 않는다. 오로지 진리라고 생각되는 수많은 진리에 담긴 인간의 힘과 권력과 의지만 있을 뿐이다. 특정 진리가 진리로 대접받는 이유는 진리에 담긴 인간의 힘과 권력과 의지가 작용하기 때문이다. 천 개의 눈을 가진 인간은 천 개의 힘과 권력과 의지를 갖게 된다. 니체는 진리를 문제 삼는 다른 철학자들과 달리 진리를 찾으려는 욕망을 문제 삼는다. 진리를 찾으려는 천 가지 욕망이 천 가지 다른 진리를 만든다. 그래서 사람마다 천 가지 이야기를 품고 살아간다. 니체는 대상이나 진리 속에서 작동하는 수많은 힘과 권력, 숨은 의지나 숨긴 의도를 밝힘으로써 진리에 담긴 의미와 가치를 총체적으로 조명하고자 했다.

니체, 다양한 스타일을 만나다

니체가 전체인 또 다른 이유는 다양한 스타일을 구사하기 때문이다.

그는 논문이나 에세이 스타일은 물론, 철학적 아포리즘으로 촌철살인의 지혜를 제공해준다. 아울러 시적 표현을 동원해 긴장과 이완, 압축미와 절제미가 담긴 비유적 깨달음을 던져준다. 그의 명저 《차라투스트라는 이렇게 말했다》는 실제로 한 편의 장편 서사시처럼 느껴지기도 하고, 웅대한 음악처럼 들리기도 한다. 이 책 이전의 니체가 보여준 모든 글쓰기 방식을 총동원하여 만들어낸 한 편의 대하드라마 같기도 하다. 뇌리에 꽂히는 아포리즘이 있는가 하면, 슬픔과 괴로움에 젖어 세상을 향해 소리치는 독백, 다양한 은유와 상징, 시에 가까우면서도 시가 아닌 시적 표현들이 함께 어울려 하모니를 연출하는 오페라 같기도 하다.*

　동일한 주제와 내용일지라도 어떤 표현 방식을 차용하느냐에 따라 천차만별의 다른 감동과 이해를 촉진할 수 있다. 논리적 설명 방식으로 일관하는 전통적인 철학에 망치질을 하고 철학으로서의 삶과 삶으로서의 철학이 갖는 총체성을 다양한 감각적 표현 방식을 차용함으로써 총체적 현상이자 전체로서의 온전한 삶을 그대로 드러내려고 한 니체. 그래서 니체는 전체의 철학자다.

니체, 무리에서 벗어나 성찰하다

　다람쥐 쳇바퀴 돌듯이 비판적 문제의식 없이 기계적으로 반복되는 비효과적인 삶을 성찰하려면 '멈춤'이 필요하다. '정지'하지 않으면 '정진'할 수 없다. 니체의 말에 따르면 시장은 화폐가 풍기는 악취를 따라 사람들이 파리 떼처럼 몰리는 곳이다. 파리 떼가 몰려든 시장의 악취를 제거

---

*시적 형식을 많이 차용하고 있는 차라투스트라의 말과 노래는 독자들의 정서를 유도하고 자극하는 가락(때론 급격히 고양시키고, 때론 차분히 가라앉히는)과 사유를 가속화하는 리듬(때론 짧고 간결하게 끊어지면서, 때론 완만하고 부드럽게 이어지는)을 가지고 있다. - 고병권, 《니체의 위험한 책, 차라투스트라는 이렇게 말했다》

하기 위해서는 파리 떼 속에 머물러서는 안 된다. 달려드는 무리 속에서 벗어나야 하는 것이다. 니체는 새로운 가치를 발견하고 싶다면 파리 떼가 들끓는 시장과 명성으로부터 떨어져 살아야 한다고 강조했다. 모든 위대한 것들은 시장과 명성으로부터 떨어진 곳에서 생겨나기 때문이다. 고독이 그치는 곳에 시장이 시작되고, 시장이 시작되는 곳에 배우들의 소음과 파리 떼의 분주한 움직임도 시작된다.

모든 창작은 시끌벅적한 시장 바닥에서 탄생하지 않고, 처절한 '고독'의 몸부림 속에서 탄생한다. 성공적인 활동에는 언제나 깊숙이 파고들어 간 성찰이 놓여 있다. 고독하지 않는 사람에게는 혼란스럽고 시끄러운 미래만이 기다리고 있을 뿐이다. '고독' 없이 '고도성장'은 불가능하다. 따라서 '고독'은 '고도성장'을 위한 침묵 속의 용트림이다. '고독'이 성장할 수 있는 '고도'를 결정하는 셈이다. 니체 철학에 비춰 우리의 삶을 근본적이면서도 총체적으로 재점검하고 성찰해야 하는 근본적인 이유가 바로 여기에 있다.

니체, 과연 그는 누구인가?

니체는 니체도 모른다. 나도 내가 누구인지 모른다. 우리는 내가 누구인지를 모르는 상태에서 평생을 살아가는 지도 모른다. 인생은 자기도 자신을 모르는 자기를 알기 위해 존재 본연의 모습을 찾아 여행을 떠나는 과정이다. 니체의 진면목을 알기 위해 니체를 벗겨 보기로 했다. 니체가 나체로 드러날 때 과연 니체의 모습은 어떨까? 니체의 진면목을 드러내기 위한 하나의 시도로 니체를 나체로 상정하고 벗은 몸으로 드러나는 니체의 정체를 파헤쳐 보고자 했다. 우리가 말하는 이성을 작은 이성, 신체를 커다란 이성으로 생각하고 '커다란 이성이 작은 이성을 움직인다'

는 니체의 전복적 사고의 흐름을 따라 니체를 이해해보고자 했다. 무리(無理)가 따르는 해석도 과감하게 시도할 때 일리(一理) 있는 진리(眞理)가 탄생한다. 진리는 침묵 속에서 싹이 자라지 않는다. 격전의 현장에서 치고 박고 싸우면서 격론을 통과한 무리가 일리가 되고, 일리가 마침내 진리의 월계관을 쓰는 것이다. 오늘도 나는 망치를 들고 세상을 깨부수려고 했던 니체를 만나러 간다.

유라투스트라는 이렇게 말한다

Also Sprechen Yourathustra

니체
망치를 던지다

니체의 말 113선 수록

본문에 실린 니체의 말들, 아포리즘들은 곁에 두고 반복해서 곱씹어볼 만한 가치가 있다. 짧지만 강렬한 니체의 치명적인 문장들을 발췌해 정리한다. 니체를 읽으며 느껴지는 온몸의 흥분을 흔쾌히 즐겨보기를…. 참고로 부록에 실린 아포리즘들의 출처는 본문에서 확인할 수 있다.

"니체의 문장은 치명적이다.
섬뜩할 정도의 놀라움과 아찔한 영감들이
살아 숨 쉬듯 움직이며 살갗을 파고든다."

진중하면서 무겁게 다가오다가도 이면에 깃든 니체의 의도와 본심을 관찰하고 있자면 명랑하고 쾌활한 니체의 시심 때문에 미소를 짓게 된다. 창백한 밤하늘에 보일 듯 말 듯 떠 있는 초승달로부터 보름달의 미래를 간파한 니체는 부정에서 긍정을 읽어내고 궁지에서 경지를 꿈꾸며 절망에서 희망을 불러온다. 니체는 불리한 상황을 유리한 상황으로 돌변시키는 역전의 명수다. 그는 고통스러울 때마다 철학적 시를 읊으며 자신을 위로했고 촌철살인의 잠언을 남기며 고통에서 벗어나고자 했다. 니체가 사용한 단어들은 광기와 열정이 가득하고 자신에게 닥친 한계를 극복하려는 의지가 느껴진다.

잘못 읽으면 단어가 품고 있는 열기에 돌이킬 수 없는 깊이로 상처가 생긴다. 그런 단어들이 세상을 관망하며 침묵을 지키다 갑자기 세상 밖으로 튀어나와 설법을 펼친다. 세상 사람들이 알아주든 말든 아랑곳없이 저마다의 심연에서 깨달은 교훈을 가슴에 품고 담소를 나누던 단어들이 의기투합하여 하나의 문장이 되는 순간, 갑자기 천둥과 번개가 치고 비바람과 눈보라가 번갈아 몰아치기도 한다. 니체의 말들, 그가 사용한 단어들은 수많은 격론을 펼치고 익숙지 않은 비범한 문장으로 세상에 쏟아진다.

'니체 ─ 잠언의 연금술사' 중에서(15~16쪽)

1 ———

사람은 짐승과 위버멘쉬 사이를 잇는 밧줄, 심연 위에 걸쳐 있는 하나의 밧줄이다. 저편으로 건너가는 것도 위험하고 건너가는 과정, 뒤돌아보는 것, 벌벌 떨고 있는 것도 위험하며 멈춰 서 있는 것도 위험하다.

2 ———

커다란 고통을 가할 수 있는 힘과 의지를 자신 안에서 느끼지 못한다면 어찌 위대한 것에 도달할 수 있겠는가?

3 ———

모든 글 중에서 누군가가 자신의 피로 쓴 것만을 나는 사랑한다. 피로 쓰거라. 그러면 피가 곧 정신임을 알게 되리라. 타인의 피를 이해하기란 쉬운 노릇이 아니니, 나는 한적하게 글 읽는 자들을 증오한다.

4 ——————

가능한 한 앉아 있지 마라: 야외에서 자유롭게 움직이면서 생겨나지 않는 생각은 무엇이든 믿지 마라 – 근육이 춤을 추듯이 움직이는 생각이 아닌 것도 믿지 마라. 모든 편견은 내장에서 나온다. – 꾹 눌러 앉아 있는 끈기– 이것에 대해 나는 이미 한 번 말했었다 – 신성한 정신에 위배되는 진정한 죄라고⋯.

5 ——————

신체를 경멸하는 자들에게 나, 나의 말을 하련다. 저들로서는 이제 와서 새로운 것을 배우거나 전과 다른 가르침을 펼 필요가 없다. 그 대신 자신들의 신체에게 작별을 고하고 입을 다물면 된다.

6 ——————

영혼이란 것도 신체 속에 있는 그 어떤 것에 불과하다. 신체는 커다란 이성이며, 하나의 의미를 지닌 다양성이고, 전쟁이자 평화, 가축 떼이자 목자이다. 형제여, 네가 정신이라고 부르는 너의 작은 이성, 그것 또한 너의 신체의 도구, 이를테면 너의 커다란 이성의 작은 도구이자 놀잇감에 불과하다.

7 ———

삶의 본능이 강요하는 행위가 옳은 행위라는 것에 대한 증거는 바로 기쁨이다: 그런데 그리스도교적·독단적인 내장을 갖고 있는 허무주의자는 기쁨을 반박으로 이해했다…. 내적인 필연성도 없고, 철저한 개인적인 선택도 없이, 기쁨도 없이 일하고 생각하고 느끼는 것보다 더 빨리 파괴하는 것이 무엇이란 말인가? '의무'라는 기계보다 더 빨리 파괴하는 것이 무엇이란 말인가?

8 ———

우리는 어떻게 우리 자신인 존재가 되고자 하는가 - 새로운 자, 유일한 자, 비교할 수 없는 자, 스스로 법칙을 세우는 자, 스스로를 창조하는 자가 되고자 하는가!

9 ———

나는 인간이 아니다. 나는 다이너마이트다…. 나는 전대미문의 복음의 전달자이다…. 진리가 수천 년 간의 거짓과 싸움을 시작하면 우리는 동요되고, 꿈도 꾸어보지 못했던 지진의 경련과 산과 골짜기의 이동을 경험할 것이기 때문이다.

10 ————

삶에 대한 자신의 이유인 '왜냐하면?'을 가진 자는, 거의 모든 방법,
거의 모든 '어떻게?'를 견뎌낼 수 있다.

11 ————

너는 네 자신의 불길로 너 자신을 태워버릴 각오를 해야 하리라. 스
스로 재가 되지 않고서 어떻게 거듭나길 바랄 수 있겠는가!

12 ————

가장 가까이 있는 것들이 대부분의 사람들에 의하여 전적으로 잘못
간주되고, 거의 관찰되지 않고 있다는 사실을 인정해야 할 것이다….
가장 사소한 것과 가장 일상적인 것에 무지하고 예리한 안목이 없다
는 것, 이것이 바로 많은 사람들에게 이 땅을 재앙의 초원으로 만드
는 것이다.

13 ———

이제까지와는 다른 근거들에 의해 행해져야 한다고 생각한다. 우리는 다르게 배워야만 한다. 아마 상당히 오랜 시간이 지난 후가 될지도 모르지만, 마침내 더 많은 것에 도달하기 위해, 즉 다르게 느끼기 위해….

14 ———

나, 너희에게 말하니, 나를 버리고 너희를 찾도록 해라. 그리고 너희가 모두 나를 부인할 때에야 나는 너희에게 돌아오리라.

15 ———

나는 밧줄 사다리로 온갖 창문에 기어오르는 법을 배웠다. 나는 민첩한 발로 높은 돛대에 오르기도 했다. 나는 다양한 길과 방법을 통해 나의 진리에 이르렀다. 내가 사다리 하나로만 먼 곳을 볼 수 있는 위치까지 오른 것은 아니다. 나 역시 계속해서 물어가며 걸었다. 물음과 시도, 그것이 내 모든 행로였다.

16 ———

이제 나 홀로 나의 길을 가련다. 너희들도 이제 한 사람, 한 사람 제 갈 길을 가라! 내가 바라는 것이 바로 그것이다. 진실로 너희들에게 권하거니와 나를 떠나라.

17 ———

그대는 그대 자신을 불 싸질러야 한다. 재가 되지 않고 어찌 새로워 질 수 있겠는가?

18 ———

자신의 '왜?'라는 의문에 명백한 답을 제시할 수 있다면, 이후의 모든 것은 매우 간단해진다. 어떻게 해야 하는지에 대해서도 곧 알 수 있 다. 일부러 타인을 흉내 내면서 허송세월을 보내지 않아도 된다. 이미 자신의 길이 눈앞에 명료하게 보이기 때문에 이제 남은 일은 그 길을 걸어가는 것뿐이다.

19 ———

'이제는 이것이 나의 길이다. 너희들의 길은 어디 있는가?' 나는 내게 '길'을 묻는 자들에게 이렇게 대답해왔다. 왜냐하면, 모두가 가야 할 단 하나의 길이란 아예 존재하지 않기 때문이다!

20 ———

자신을 진정으로 사랑하기 위해서는 먼저 자신의 힘만으로 무엇인가에 온 노력을 쏟아야 한다. 자신의 다리로 높은 곳을 향해 걷지 않으면 안 된다. 그것에는 분명 고통이 따른다. 그러나 그것은 마음의 근육을 단련시키는 고통이다.

21 ———

너는 지금의 너를 뛰어넘어 저 위에 네 자신을 세워야 한다. 그러려면 너의 신체와 영혼이 먼저 반듯하게 세워져 있어야 할 것이다.

22 ———

높이 오르고 싶으면 그대들 자신의 발을 사용하라! 결코 실려서 오르는 일이 있어선 안 된다. 낯선 사람의 등과 머리에는 올라타지도 말아라!

23 ———

당신은 어떤 일에 책임을 지려 하는가. 무엇보다 자신의 꿈의 실현에 책임을 지는 것이 어떤가? 꿈을 책임질 수 없을 만큼 당신은 유약한가? 아니면 용기가 부족한가? 당신의 꿈 이상으로 당신 자신인 것도 없다. 꿈의 실현이야말로 당신이 가진 온 힘으로 이루어내야 하는 것이다.

24 ———

자기 책임의 위험을 진지하게 받아들일 의지가 있는 사람에게는 시대를 막론하고 긍정적인 미래가 열려 있다.

25 ———

우리는 차가운 오장육부를 가진 객관화나 목록화의 도구가 아니다. 우리는 고통을 통해 끊임없이 자신의 사상을 새롭게 낳아야 하고, 어머니로서 피, 가슴, 불, 기쁨, 정열, 고통, 양심, 운명, 숙명 등 우리가 지닌 모든 것을 그 사상에 물려주어야 한다. 삶이야말로 우리의 모든 것이고, 우리가 빛과 불꽃으로 변화시키는 모든 것이며, 또한 우리가 만나는 모든 것이다.

26 ———

세상에는 두 부류의 사람이 있다. 한 부류는 자기 길을 가는 사람이고, 다른 부류는 자기 길을 묵묵히 가는 사람에 대해 말하는 사람이다.

27 ———

비판이라는 바람이 불어오지 않는 폐쇄적인 곳에는 반드시 부패와 추락이 태어나 거침없이 자란다. 비판은 깊은 의심에서 나온 심술이나 고약한 의견 따위가 아니다. 비판은 바람이다. 이마를 시원하게 식히기도, 눅눅한 곳을 건조시키기도 하여 나쁜 균의 번식을 억제하는 역할을 한다.

28 ———

자신의 의견을 가지기 위해서는 스스로 자신의 생각을 깊이 파고들어 언어화하지 않으면 안 된다. 그것은 물고기 화석을 사는 것보다 나은 일이다. 자신의 의견을 가지는 것이 성가시다고 생각하는 사람들은 돈을 지불하고 상자에 든 화석을 산다. 이 화석은 곧 타인의 낡은 의견이다. 그리고 그들은 돈을 주고 산 의견을 자신의 신념으로 삼는다. 그런 그들의 의견은 살아 있음의 생기가 전혀 느껴지지 않고, 언제까지나 항상 그 상태로 정체해 있다.

29 ———

공손하고 강인한 정신에는 무거운 짐이 많이 주어진다. 그의 강함은 무거운, 가장 무거운 짐을 요구한다. 무엇이 무거운가? 하고 인내하는 정신은 묻는다. 그러고는 마치 낙타처럼 무릎을 굽히고 짐을 잔뜩 싣기를 원한다.

30 ———

나를 내버려두라. 나는 그 누구의 명령도 받고 싶지 않다. 나는 자유를 원한다.

31 ———

나는 하늘을 날아갈 준비를 하고 초조하게 기다리고 있다. 나의 천성
이 이러한데 어찌 그것이 새의 천성이 아니겠는가. 무엇보다도 나는
중력의 악령에 적의를 품고 있는데, 그것이야말로 새의 천성이렷다.
진정, 불구대천의 적의와 최대의 적, 그리고 뿌리 깊은 적의를! 나
의 적의가 일찍이 날아보지 않은 곳이 어디 있으며, 길을 잃고 헤매
보지 않은 곳이 어디 있던가!

32 ———

언젠가 나는 법을 배우고자 하는 자는 먼저 서는 법, 걷는 법, 달리는
법, 기어오르는 법, 춤추는 법부터 배워야 한다. 처음부터 날 수는 없
는 일이다!

33 ———

우리가 무엇인가를 시작할 기회는 늘 지금 이 순간밖에 없다. 그리고
이 한정된 시간 속에서 무언가를 하는 이상, 불필요한 것들을 말끔히
털어버리지 않으면 안 된다.

34 ———

나, 나의 목표를 향해 나의 길을 가련다. 머뭇거리는 자와 미적미적 거리고 있는 자들을 뛰어넘어 가리라. 내 가는 길이 그들에게는 몰락의 길이 되기를….

사실 사람은 대상물에서 무언가를 이끌어내는 것이 아니라, 그 대상물에 의해 촉발된 자신 안의 무언가를 스스로 찾아내고 이끌어내는 것이다. 결국 풍요로운 대상물을 찾을 것이 아니라 자신을 풍요롭게 만들어야 한다. 그것만이 자신의 능력을 높이는 최고의 방법이요, 인생을 풍요하게 살아가는 빙법이다.

35 ———

날지 못하는 사람은 대지와 삶이 무겁다고 말한다. 중력의 악령이 바라고 있는 것이 그것이다! 그러나 가벼워지기를 바라고 새가 되기를 바라는 자는 먼저 자기 자신을 사랑할 줄을 알아야 한다.

36 ———

저들 온갖 신앙의 신도들을 보라! 저들은 누구를 가장 미워하지? 저들이 떠받들어온 가치를 파괴하는 사람, 바로 파괴자, 범죄자가 아닌가. 그러나 이 같은 사람이야말로 창조하는 자인 것을….

37 ─────

너희들을 혀로 핥을 번갯불은 어디에 있는가? 너희들에게 접종했어
야 할 광기는 어디에 있는가? 보라, 나 너희들에게 위버멘쉬를 가르
치노라. 그가 바로 번갯불이요 광기다!

38 ─────

나는 지금 나의 가장 높은 산과 가장 긴 방랑을 눈앞에 두고 있다. 그
리하여 나는 우선 내가 일찍이 내려갔던 것보다 더 깊이 내려가야 한
다.

39 ─────

인간이 지닌 가치와 가치 감각의 모든 영역을 꿰뚫어보기 위해, 그리
고 여러 관점과 판단을 가지고서 높은 곳에서 사방을 보고, 낮은 곳
에서 모든 봉우리를 보자.

40 ———

이 높디높은 산들은 어디서 온 것일까? 나는 그들이 바다에서 솟아 올랐다는 것을 알게 되었다. 더없이 깊은 심연에서 더없이 높은 것이 그 높이까지 올라왔음에 틀림없다.

41 ———

명성을 추구하는 사람은 언제 그 명성과 작별해야 하는지 그 시간을 놓치지 말아야 한다. 그리고 제때 떠날 수 있기 위한 어려운 수련을 쌓아야 한다. 가장 맛이 들었을 때에도 나에게 계속 맛을 보이는 일이 없도록 해야 한다. 오랫동안 사랑받기를 원하는 사람들은 이것을 알고 있다.

42 ———

너는 지금의 너를 뛰어넘어 저 위에 네 자신을 세워야 한다. 그러려면 너의 신체와 영혼이 먼저 반듯하게 세워져 있어야 할 것이다.

43 ————

모든 것은 가고, 모든 것은 되돌아온다. 존재의 수레바퀴는 영원히 돌고 돈다. 모든 것은 죽고, 모든 것은 다시 소생한다. 존재의 해는 영원히 흐른다.

44 ————

망각하는 것을 배우지 못하고 늘 지나간 과거에 매달려 있는 자기 자신에 대해서도 이상하게 생각한다. 그가 아무리 멀리, 아무리 빨리 달려가더라도 그 쇠사슬은 언제나 함께 따라다닌다. 지금 여기 있는 것 같은데 어느 결에 지나가버리는 순간, 앞에도 무(無), 뒤에도 역시 무인 이 순간이 유령처럼 다시 돌아와서 다음 순간의 인식을 훼방한다.

45 ————

이제 나는 너희에게 명한다. 나를 잃어버리고 너 스스로를 찾아라. 너희가 나를 완전히 부정했을 때 나는 너희에게 다시 돌아가리니….

46 ———

여행지에서의 관찰과 체험을 그대로 멈춰두지 않고 자신의 업무나 생활 속에 살려 풍요로워지는 사람도 있다. 인생이라는 여로에서도 그것은 마찬가지다. 그때그때의 체험과 보고 들은 것을 그저 기념물로만 간직한다면 실제 인생은 정해진 일만 반복될 뿐이다. 그렇기에 어떤 일이든 다시 시작되는 내일의 나날에 활용하고, 늘 자신을 개척해가는 자세를 갖는 것이야말로 인생을 최고로 여행하는 방법이다.

47 ———

우리는 낡은 것으로 되돌아갈 수도 없다. 우리는 이미 배를 불태워버리고 말았다. 용감해지는 수밖에 없다.

48 ———

너희 사람들이여! 돌 속에 하나의 형상이, 내 머리 속에 있는 많은 형상들 가운데 으뜸가는 형상이 잠자고 있구나! 아, 그 형상이 더할 나위 없이 단단하고 보기 흉한 돌 속에 갇혀 잠이나 자야 하다니! 이제 나의 망치는 저 형상을 가두어두고 있는 감옥을 잔인하게 때려 부순다. 돌에서 파편이 흩날리고 있다. 무슨 상관인가?

49 ───────

너희는 너희에게 걸맞은 적을 찾아내어 일전을 벌여야 한다. 너희의 사상을 위해! 설혹 너희의 사상이 패배하더라도 너희의 정직성만은 그에 굴하지 않고 승리를 구가해야 하리라! 너희는 평화를 전쟁을 위한 방편으로서 사랑해야 한다. 그리고 긴 평화보다 짧은 평화를 더 사랑해야 한다. 내가 너희에게 권하는 것은 노동이 아니라 전투다. 내가 너희에게 권하는 것은 평화가 아니라 승리. 너희가 하는 것은 노동이 전투가 되고 너희가 누리는 평화가 승리가 되기를 바란다!

50 ───────

순종하느니 차라리 절망하라!

51 ───────

그대들의 단단함이 번쩍이면서 자르지 못하고 산산이 부숴버리지 못한다면 어떻게 나와 함께 창조하겠는가? ─ 망치는 말한다.

52 ———

생은 항상 자기 자신을 극복하지 않으면 안 된다는 것을 말해주는 표지, 달그락거리는 표지가 되어야 한다! 생 자체는 기둥과 계단의 도움으로 자신을 높이 세우려 한다. 생은 먼 곳을, 행복을 머금은 아름다움을 내다보고 싶어한다. 그러기 위해 생은 높이 오를 필요가 있는 것이다. 높이 오를 필요가 있기에 생은 계단을, 계단과 오르는 자들이 범하는 모순을 필요로 한다! 생은 오르기를 원하며 오르면서 자신을 극복하기를 원한다.

53 ———

예나 지금이나 모든 인간은 노예 아니면 자유인이다. 최소한 하루 3분의 1을 자신을 위해 가질 수 없는 사람은 그가 장관이든 노동자든 상관없이 노예다.

54 ———

시도와 물음, 그것이 나의 모든 행로였다. 그리고 진정, 그런 물음에 대답하는 법을 배우지 않으면 안 된다! 이것이 내 취향이렸다!

55 ———

전쟁을 일으키는 삶을 살라! 낡은 삶에 무슨 가치가 있는가! 그 어떤 전사가 보호와 아낌을 받기 원하는가! 나는 너희들을 보호하지도 않으며 아끼지도 않는다. 나는 너희들을 진심으로 사랑한다.

56 ———

인생을 쉽게, 그리고 안락하게 보내고 싶은가? 그렇다면 무리 짓지 않고서는 한시도 견디지 못하는 사람들 속에 섞여 있으면 된다. 언제나 군중과 함께 있으면서 끝내 자신이라는 존재를 잊고 살아가면 된다.

57 ———

벗이여, 너의 고독 속으로 달아나라! 너는 하찮은 자들과 가엾은 자들을 너무 가까이에 두고 있다. 저들의 눈에 보이지 않는 앙갚음에서 벗어나라!

58 ———

노동을 하지 않으면 삶은 부패한다. 그러나 영혼 없는 노동을 하면
삶은 질식되어 죽어간다.

59 ———

내가 먼저 나 자신을 극복하게 되면 나는 보다 위대한 일에서도 나
자신을 극복하게 되리라. 그렇게 되면 나는 승리할 것이고, 그 승리가
나의 완성을 확인해주는 봉인이 되어 주리라!

60 ———

사람은 극복되어야 할 그 무엇이다. 너희들은 자신을 극복하기 위해
무엇을 했는가? 지금까지 존재해온 모든 것들은 그들 자신을 뛰어넘
어 그들 이상의 것을 창조해왔다.

61 ———

자기가 겪은 고통 덕분에 깊이 괴로워하는 인간은 여느 가장 똑똑하고도 현명한 자들이 알 수 있을 만한 것보다 더 많이 알 수 있다.

62 ———

비록 많은 체험을 했을지라도 이후에 그것을 곰곰이 고찰하지 않는다면 무용지물이 될 뿐이다. 어떤 체험을 하든지 깊이 사고하지 않으면, 꼭꼭 씹어 먹지 않으면 설사를 거듭하게 된다. 결국 아무것도 배우지 못하며 무엇도 자신의 것으로 만들지 못한다.

63 ———

치료하는 힘이란 우리가 입는 상처에도 있는 법이다. 호기심이 강한 식자들을 위해 출처를 밝히지는 않지만 다음은 나의 오랜 좌우명이다. 상처에 의해 정신이 강해지고 힘이 회복된다.

64 ———

용기는 가장 훌륭한 살해자다. 공격하는 용기, 그것은 죽음까지도 살해한다. 왜냐하면 용기는 '그게 삶이던가, 그럼 좋다. 다시 한 번!' 이렇게 외치기 때문이다.

65 ———

너에게는 너 자신을 잃고 몰락할 용기가 없다. 그래서 너는 결코 새로워지지 못할 것이다. 우리에게 오늘은 날개, 색, 옷, 그리고 힘이었던 것이 내일은 단지 재가 되어야만 한다.

66 ———

사람은 더없이 용기 있는 짐승이다. 바로 그 용기에 힘입어 그는 온갖 다른 짐승들을 극복할 수 있었다. 진군의 나팔소리로 모든 비통까지도 극복한 것이다. 사람이 겪고 있는 비통이 그 어느 것보다도 심오한 비통이었는데도 말이다.

67 ———

형제여, 너희는 용기가 있는가? 너희의 마음은 단호한가? 사람들 앞
에서의 용기가 아니라 신마저도 바라봐주지 않는 고독한 자의 용기,
독수리의 용기가 있는가? 독수리의 눈으로 심연을 응시하고 있는 자,
독수리의 발톱으로 심연을 움켜잡고 있는 자, 그런 자가 용기 있는
자다.

68 ———

너희는 운명을, 냉혹함을 원하지 않는다고? 그렇다면 너희는 어떻게
나와 더불어 승리할 텐가? 너희의 단호함이 번개를 내려치고 쪼개고
갈기갈기 찢어버리기를 원하지 않는다면, 너희는 어떻게 나와 더불
어 창조하려는가? 모든 창조하는 자들은 단호하다.

69 ———

행복은 단단한 광석 위에 글을 새기듯 수천 년의 의지 위에 새겨진
다. 그것은 광석보다 더 단단하고 더 고귀하다. 가장 고귀한 것만이
온전히 단단하다.

70 ———

네 머리와 네 심장을 모두 넘어서라! 이제 너의 가장 부드러운 부분이 가장 단단한 부분으로 바뀌어야 한다. 자신에게 너무 너그러운 사람은 그 너그러움 때문에 병이 든다. 찬양하라. 우리를 단호하게 만드는 것을!

71 ———

맛없게 이야기한 사람은 허세와 과장된 표현을 사용한다. 이것은 듣는 사람의 흥미를 불러일으키기 위해서다. 듣는 사람도 그 의도와 저속함을 느낄 수 있다. 다른 한 사람은 진심어린 흥미를 갖고 그것을 성실하게 이야기한다. 거기에는 약삭빠른 행위가 없다. 따라서 듣는 사람은 그것에 진지함을 느끼고 화자가 가지고 있는 흥미 그 자체를 자신도 받아들이기 위해 상상력을 발휘해 들으려 한다.

72 ———

심오한 척하는 사람들만이 모호함을 위해 애쓰며, 실제로 심오한 사람은 명료함을 위해 애쓴다. 문제는 풍성함이다.

73 ———

적을 갖되, 증오할 가치가 있는 적만을 가져야 한다. 경멸스러운 적은 갖지 말도록 하라. 너희는 너희의 적을 자랑스럽게 생각해야 한다. 그렇게 되면 적의 성공이 곧 너희의 성공이 될 것이다.

74 ———

벗들이여, 한층 품격 있는 적을 위해 너희 자신을 아껴두어야 한다. 그러기 위해서라도 웬만한 사람들은 거들떠보지도 말고 그냥 지나가야 할 것이다.

75 ———

너희들은 너희들에게 걸맞은 적을 찾아내어 일전을 벌여야 한다. 너희들의 사상을 위해! 설혹 전쟁에서 너희들의 사상이 패배하더라도 너희들의 성실성만은 그에 굴하지 않고 승리를 구가해야 하리라!

76 ────

무언가 한 가지 능력만 있는 사람들, 그래서 누구는 귀로, 누구는 입으로 알려졌으며, 누구는 눈으로, 누구는 다리로 전문가가 되었다. 전문적인 게 뭐가 문제냐고? 많이 알고 있는 게 잘못이냐고? 한 가지 능력만 키우느라 여러 가지 능력을 퇴화시킨 것! 그것이 문제인 것이다.

77 ────

젊은이는 가능한 한 이른 시기에, 진정한 실력에 의해 높은 차원에 이른 사람, 공로가 있는 사람을 찾아내 그와 교제해야 한다. 그러면 지금까지 자기만족적인 교만과 알맹이 없는 겉치레, 허세, 오만 따위 순식간에 사라지고 자신이 지금 무엇을 해야 하는지가 눈앞에 보일 것이다.

78 ────

고뇌하고 있는 벗이 있다면, 너는 그의 고뇌가 쉴 수 있는 쉼터가, 그러면서도 딱딱한 침상, 야전침상이 되어주어야 한다. 그렇게 함으로써 너는 그에게 더없이 큰 도움이 될 것이다. 그리고 벗이 있어 네게 몹쓸 짓을 하면 말하라. "나는 네가 내게 한 짓을 용서한다. 그러나 네가 네 자신에게 그런 짓거리를 했다면 내 어찌 그것을 용서할 수 있으랴!"

79 ———

창조하는 자가 찾고 있는 것은 송장이 아니라 친구다. 무리나 추종자가 아니다. 창조하는 자는 더불어 창조할 자, 새로운 가치를 새로운 판에 써넣을 친구를 찾고 있는 것이다.

80 ———

가끔은 등을 굽히고, 가능한 한 자세를 낮추듯 웅크리고 앉아 풀과 꽃, 그 사이를 춤추는 나비를 가까이서 바라보라. 지금껏 그저 멀리서 내려다보기만 했던 그곳에는 풀과 꽃, 곤충이라는 또 다른 세계가 있다. 어린아이가 매일 당연한 듯 보고 있는 세계의 모습이 펼쳐져 있다.

81 ———

과거에 얽매이고 아래에 있는 인간과 비교해 자신을 칭찬하지 마라. 꿈을 즐거운 듯이 입으로만 내뱉을 뿐 아무 노력도 하지 않고 그럭저럭 현재에 만족하며 주저앉지 마라. 쉬지 말고 앞으로 나아가라. 보다 높은 곳을 향해 나아가라!

82 ——————

일은 머리로 세운 계획대로 진행되지 않는다. 현실의 그 '무엇'이 먼 길을 가장 짧은 길로 만들어준다. 그것이 무엇인지는 사전에 알 수 없으며, 현실에 발을 내딛었을 때 비로소 알게 된다.

83 ——————

사람들 틈에서 그리고 저들의 연민 속에서 살고 싶지는 않다고? 좋다, 나처럼 하라! 그러면 그대는 내게서도 배울 것이다. 행동하는 자만이 배우기 마련이다.

84 ——————

창조하는 자 스스로 다시 태어날 어린아이가 되기 위해서는 먼저 산모가 되어야 하고, 산고를 마다하지 않아야 한다.

85 ———

우리들 한 사람 한 사람에게도 역사는 분명 존재한다. 그것은 매일의 역사다. 현재인 오늘 하루 내가 무엇을 느끼고 어떻게 행동하는가, 그 것이 매일의 역사 한 페이지를 장식한다.

86 ———

우리는 자주 오해를 받는다. 왜냐하면 우리 자신이 계속 자라고 변하 기 때문이다. 우리는 허물을 벗고 봄마다 새로운 껍질을 입는다. 우리 는 계속해서 젊어지고, 더 커지고, 더 강해진다.

87 ———

독창적인 사람의 특징 중 하나는 이미 모든 사람들의 눈앞에 있으나 아직 알아차리지 못해 이름조차 가지지 못한 것을 알아볼 수 있는 눈 을 가지고, 나아가 그것에 새로운 이름을 부여할 수 있는 능력을 가 졌다는 점이다.

88 ───────

'몽블랑은 가장 높은 봉우리로 천연의 아름다움에 싸여 있다'는 관광
적인 지식 때문에 사람들의 눈은 몽블랑에만 머무른다. 이래서는 진
정한 아름다움을 즐길 수 없다. 지식이 아니라, 자신의 눈이 지금 보
고 있는 아름다움을 인정하라.

89 ───────

세계는 새로운 소란을 일으키는 사람이 아니라 새로운 가치를 창출
하는 사람 주위로 돈다. 소리 없이 그렇게 조용히 돈다.

90 ───────

너는 저들 너머 저 위로 향한다. 그러나 네가 높이 오르면 오를수록
시샘에 찬 그들의 눈에 너는 더욱 더 작게 보이게 마련이다. 아무렴
하늘을 나는 자가 그 누구보다도 많은 미움을 받게 마련이다.

91 ————

나는 다양한 길과 방법을 통해 나의 진리에 이르렀다. 내가 사다리 하나로만 먼 곳을 볼 수 있는 위치까지 오른 것은 아니다. 나 역시 계속해서 물어가며 걸었다. 물음과 시도, 그것이 내 모든 행로였다.

92 ————

나는 약화시키는 것, 초췌하게 만드는 것 모두에 대해 '아니오'를 가르친다. 나는 강화하는 것, 힘을 저축하는 것, 힘의 감정을 긍정하는 것 모두에 대해 '예'를 가르친다.

93 ————

즐겁지 않은 것은 바람직하지 않다. 힘겨운 일에서 일단 고개를 돌려서라도 지금을 제대로 즐겨야 한다. 가정 내에 즐겁지 않은 사람이 단 한 사람만 있어도 모든 이가 우울해지고, 가정은 묵직한 어둠이 드리워진 불쾌한 곳이 되어버린다. 가능한 한 행복하게 살아라. 그러기 위해서 현재를 즐겨라. 이 순간을 온몸으로 즐겨라.

94 ———

모든 좋은 것들은 웃는다. 어떤 사람이 정말로 자신의 길을 걷고 있는지는 그 걸음걸이를 보면 알 수 있다. 그러므로 내가 걷는 것을 보라. 자신의 목표에 다가가는 자는 춤을 춘다.

95 ———

춤 한번 추지 않은 날은 아예 잃어버린 날로 치자! 그리고 큰 웃음 하나 동반하지 않는 진리는 모두 거짓으로 간주하자!

96 ———

하루에 열 번 주위 사람들에게 냉담한 말을 퍼부었다면 오늘부터는 하루에 열 번 주위 사람들에게 기쁨을 안겨주는 말을 건네 보라. 그러면 자신의 영혼이 치유될 뿐 아니라, 주위 사람들의 마음도, 상황도 한결 나아질 것이다.

97 ————

너희 가운데 웃음을 잃지 않은 채 높이 올라와 있을 수 있는 자가 있는가? 더없이 높은 산에 오르는 자는 모든 비극과 비극적 엄숙성이라는 것을 비웃는다.

98 ————

커다란 고통을 가할 수 있는 힘과 의지를 자신 안에서 느끼지 못한다면 어찌 위대한 것에 도달할 수 있겠는가? 고통을 견디는 것은 최소한의 것이다… 하지만 커다란 고통을 가하고, 고통의 비명을 들으면서도 내심 곤혹과 불안에 빠져들지 않는 것-이것이야말로 위대한 것이며, 위대함에 속하는 것이다.

99 ————

언젠가 나는 위대한 사람과 왜소한 사람이 맨몸으로 있는 것을 보았다. 저들은 서로 너무나 닮아 있었다. 더없이 위대한 자조차도 아직은 너무나 인간적이었던 것이다! 더없이 위대한 자조차도 너무나 왜소했으니! 이것이 사람에 대한 나의 짜증스러움이었다.

100 ———

지혜로워라. 기쁨을 품어라. 가능하다면 현명함도 더하라. 그리고 마음에는 언제나 기쁨을 간직하도록 하라. 이것이야말로 인생에서 가장 소중한 것이기 때문이다.

101 ———

그들은 결점이나 약점을 누구도 보지 못하게 숨겨두는 것이 아니라 오히려 그것을 마치 강점의 변형인 듯 위장해 내보인다. 그 점에 있어서 타인보다 교활하다. 이것이 가능한 것은 그들이 자신의 결점과 약점이 무엇인지를 정확히 알고 있기 때문이다. 대개의 사람은 자신의 약점에 대해서는 보고도 보지 못한 척 외면한다. 그러나 성공한 사람들은 그것을 똑바로 마주하며 자각한다. 그것이 보통사람과 그들의 차이다.

102 ———

마음이 먼저 늙는 사람도 정신이 먼저 늙는 사람도 있다. 그런가 하면 젊은 나이에 백발노인이 되는 사람도 있다. 그러나 뒤늦게까지 젊음을 누리는 사람이 그 젊음을 오랫동안 유지하는 법이다.

103 ———

미래가 불확실하고 불안하다. 결정된 것은 아무것도 없다. 그리고 끝 난 것도 아무것도 없다. '생은 고통일 뿐이다.' 이렇게 말하는 자들도 있는데, 거짓말이 아니다. 자 그렇다면 그렇게 말하는 너희들은 이제 끝내도록 하라! 고통에 불과한 생을 끝내도록 하라!"

104 ———

너희들은 미래를 분만하는 자, 미래를 양육하는 자가 되어야 하며, 씨 뿌리는 자가 되어야 한다. (…) 앞으로는 어디에서 왔는가가 아니라 어디로 가고 있는가 하는 것을 너희들의 명예로 삼아라! 너희 자신을 뛰어넘고자 하는 의지와 발길, 그것들을 새로운 명예로 삼아라!

105 ———

미래를 건축하려는 자만이 과거를 심판할 권리를 갖는다.

106 ———

산을 오른다. 짐승처럼, 망설임도 없이, 땀범벅이 되어 오직 정상을 목표로 오를 뿐이다. 오르는 동안 눈부시게 아름다운 꽃의 풍경이 펼쳐질 테지만, 오로지 높은 곳을 향하는 것 외에는 알지 못한다. 그것이 여행이든 늘 하는 일이든, 하나의 것만 탐닉하고 다른 것은 완전히 잊어버린다. 사람은 그 같이 우매한 짓을 때때로 저지른다.

107 ———

이곳이 아닌 어느 먼 장소에, 알지 못하는 이국의 땅에 자신이 찾는 것, 자신에게 가장 맞는 것을 찾으려는 젊은이들이 지나치게 많다. 실은 자신이 한 번도 시선을 주지 않았던 발아래에 끝없이 깊은 샘이 자리하고 있다. 추구하는 것이 묻혀 있다. 자신에게 주어진 많은 보물이 잠들어 있다

108 ———

지금이야말로 자신의 목표를 세울 때다. 지금이야말로 자신의 최고 희망의 싹을 틔울 때이다.

109 ─────

배워서 지식을 쌓고, 지식을 다시 교양과 지혜로 넓혀가는 사람은 지루함을 느끼지 않는다. 모든 것이 이전보다 한층 더 흥미로워지기 때문이다. 다른 사람과 같은 것을 보고 들어도 그 사람은 평범한 것에서 교훈이나 단서를 간단히 찾아내고 사고의 틈새를 메울 그 무언가를 발견한다.

110 ─────

나는 어떻게 이 일을 견뎌냈는가? 나는 어떻게 이 같은 상처를 이겨내고 극복했는가? 그렇다. 내게는 불사신적인 것, 영원히 묻어둘 수 없는 것, 바위까지 폭파해버릴 수 있는 그 어떤 것이 있다. 나의 의지가 바로 그것이다.

111 ─────

오늘은 승리의 하루다. 나의 불구대천의 적인 중력의 악령이 벌써 무릎을 꿇고는 도망치고 있지 않은가! 오늘 하루가 고약하고 어렵게 시작하더니만, 이제 이토록 멋있게 끝나려나 보다!

112 ———

등산의 기쁨은 정상에 올랐을 때 가장 크다. 그러나 나의 최상의 기
쁨은 험악한 산을 기어 올라가는 순간에 있다. 길이 험하면 험할수록
가슴이 뛴다. 인생에 있어서 모든 고난이 자취를 감췄을 때를 생각해
보라! 그 이상 삭막한 것이 없으리라.

113 ———

누구나 높은 곳을 목표로 한 이상과 꿈을 가지고 있다. 그것이 과거
의 일이었다며, 청춘 시절의 일이었다며 그리운 듯 떠올려서는 안 된
다. 지금도 자신을 발전시키기 위한 이상과 꿈을 포기해서는 안 된다.
어느 사이엔가 이상과 꿈을 버리게 되면 그것을 말하는 타인이나 젊
은이를 조소하게 된다. 시샘과 질투로 마음이 물들어 혼탁해지고 만
다. 발전하려는 의지나 자신을 이기려는 마음 또한 버려지고 만다. 나
은 삶을 살기 위해서, 자신을 하찮게 여기지 않기 위해서라도 결코
이상과 꿈을 버려서는 안 된다.

: 참고문헌 :

- 프리드리히 니체, 《권력에의 의지》, 청하(1998), 강수남 역.
- 프리드리히 니체, 《바그너의 경우·우상의 황혼·안티크리스트·이 사람을 보라·디오니소스 송가·니체 대 바 그너 (1888~1889)》, 책세상(2002), 백승영 역.
- 프리드리히 니체, 《비극의 탄생·반시대적 고찰》, 책세상(2005), 이진우 역.
- 프리드리히 니체, 《비극의 탄생·즐거운 지식》, 동서문화사(2009), 곽복록 역.
- 프리드리히 니체, 《아침놀》, 책세상(2004), 박찬국 역.
- 프리드리히 니체, 《유고(1887년 가을-1888년 3월)》, 책세상(2000), 백승영 역.
- 프리드리히 니체, 《인간적인 너무나 인간적인》, 책세상(2001), 김미기 역.
- 프리드리히 니체, 《즐거운 지식》, 청하(1989), 권영숙 역.
- 프리드리히 니체, 《차라투스트라는 이렇게 말했다》, 책세상(2000), 정동호 역.
- 데이비드 H. 프리드먼, 《거짓말을 파는 스페셜 리스트》, 지식갤러리(2011), 안종희 역.
- 에른스트 슈마허, 《작은 것이 아름답다》, 문예출판사(2000), 이상호 역.
- 우치다 타츠루, 《푸코, 바르트, 레비스트로스, 라캉 쉽게 읽기》, 갈라파고스(2010), 이경덕 역.

- 고병권, 《니체, 천개의 눈, 천개의 길》, 소명출판(2009).
- 고병권, 《니체의 위험한 책, 차라투스트라는 이렇게 말했다》, 그린비(2008).
- 김선희, 《쇼펜하우어 & 니체: 철학자가 눈물을 흘릴 때》, 김영사(2011).
- 백승영, 《니체, 디오니소스적 긍정의 철학》, 책세상(2005).
- 서대원, 《주역강의》, 을유문화사(2008).
- 신영복, 《강의: 나의 동양고전 독법》, 돌베개(2004).
- 신혜경, 《부정하라》, 마음의 숲(2011).
- 안광복, 《처음 읽는 서양철학사》, 웅진지식하우스(2007).
- 안도현, 《연어》, 문학동네(1996).
- 윤노빈, 《신생철학》, 학민사(2003).
- 윤석철, 《삶의 정도》, 위즈덤하우스(2011).
- 이어령, 《젊음의 탄생》, 생각의나무(2009).
- 이진우, 《니체, 실험적 사유와 극단의 사상》, 책세상(2009).

유라투스트라는 이렇게 말한다

초판 1쇄 발행 2020년 4월 25일

지은이 | 유영만
발행인 | 손선경

기   획 | 김형석
디자인 | 김윤남

펴낸곳 | 모루북스
출판등록 | 2020년 3월 17일 제25100-2020-000019호

주   소 | 서울시 노원구 상계로7길 7, R-102호(상계동, 에이원블레스)
전   화 | 02) 3494-2945
팩   스 | 02) 6229-2945

ISBN 979-11-970019-0-1 (03110)

이 도서의 국립중앙도서관 출판예정도서목록(CIP)은 서지정보유통지원시스템 홈페이지(http://seoji.nl.go.kr)와
국가자료종합목록 구축시스템(http://kolis-net.nl.go.kr)에서 이용하실 수 있습니다.(CIP제어번호: CIP2020013443)

출판을 원하시는 분들의 투고와 기획 아이디어를 기다립니다.
moroo_publisher@naver.com